Félix Lope de Vega y Carpio

El anzuelo de Fenisa

Barcelona **2024**
Linkgua-ediciones.com

Créditos

Título original: El anzuelo de Fenisa.

© 2024, Red ediciones S.L.

e-mail: info@red-ediciones.com

Diseño de cubierta: Michel Mallard.

ISBN tapa dura: 978-84-1126-280-4.
ISBN rústica: 978-84-9816-174-8.
ISBN ebook: 978-84-9897-704-2.

Cualquier forma de reproducción, distribución, comunicación pública o transformación de esta obra solo puede ser realizada con la autorización de sus titulares, salvo excepción prevista por la ley. Diríjase a CEDRO (Centro Español de Derechos Reprográficos, www.cedro.org) si necesita fotocopiar, escanear o hacer copias digitales de algún fragmento de esta obra.

Sumario

Brevísima presentación

La vida

Félix Lope de Vega y Carpio (Madrid, 1562-Madrid, 1635). España.
Nació en una familia modesta, estudió con los jesuitas y no terminó la universidad en Alcalá de Henares, parece que por asuntos amorosos. Tras su ruptura con Elena Osorio (Filis en sus poemas), su gran amor de juventud, Lope escribió libelos contra la familia de ésta. Por ello fue procesado y desterrado en 1588, año en que se casó con Isabel de Urbina (Belisa).
Pasó los dos primeros años en Valencia, y luego en Alba de Tormes, al servicio del duque de Alba. En 1594, tras fallecer su esposa y su hija, fue perdonado y volvió a Madrid. Allí tuvo una relación amorosa con una actriz, Micaela Luján (Camila Lucinda) con la que tuvo mucha descendencia, hecho que no impidió su segundo matrimonio, con Juana Guardo, del que nacieron dos hijos.
Entonces era uno de los autores más populares y aclamados de la Corte. En 1605 entró al servicio del duque de Sessa como secretario, aunque también actuó como intermediario amoroso de éste. La desgracia marcó sus últimos años: Marta de Nevares una de sus últimas amantes quedó ciega en 1625, perdió la razón y murió en 1632. También murió su hijo Lope Félix. La soledad, el sufrimiento, la enfermedad, o los problemas económicos no le impidieron escribir.

El engaño

El anzuelo de Fenisa es una adaptación de un argumento de Bocaccio, en el que una cortesana engaña a los incautos con su picardía y luego es burlada por otro personaje. Vicente Espinel también utilizó este tema en su *Vida del escudero Marcos de Obregón.*

Personajes

Albano
Bernardo
Camilo
Campuzano
Celia
Dinarda
Don Félix
Donato, paje
Estacio
Fabio
Fabricio
Fenisa
Liseo
Lucindo
Micer Jacobo
Orozco
Osorio
Otro Escudero
Tristán
Triviño
Un Escudero
Damas, marineros, niños, pajes, soldados y acompañamiento.
La acción en Sicilia. Siglo XVII

Jornada primera

(La playa de Palermo, en semicírculo, bordeando la bahía. A la derecha e izquierda, y en el foro, naves fondeadas. Es por la tarde, y al alzarse el telón aparecen Albano y Camilo, conversando. Cruzan la escena marineros, mujeres, niños, algunas damas y galanes, que pasean.)

(Camilo, Albano.)

Camilo ¿En la arena del mar miras, Albano,
las estampas que deja tu Fenisa?

Albano Por ellas sigo su desdén en vano,
por besar las arenas donde pisa.

Camilo ¿Es tan lejano va el amor lejano
que de Sevilla te impulsó a Palermo?

Albano ¡Campo es aquel amor tan duro y yermo
que da no más la flor del desvarío!
¡En otros ojos mi esperanza duermo!...
¡Hacia otros cielos mi oración envío!...

Camilo ¿Puede el amor sustituirse?

Albano ¡Puede,
Camilo, que el amor lo puede todo!

Camilo Todo: si a todo cede.

Albano ¿Y quién no cede?

Camilo No ceden, ni el discreto, ni el altivo,
ni el prudente...

Albano — Pues yo no me acomodo
si no es cediendo en todo por Fenisa,
de cuyas gentilezas voy cautivo.

Camilo — ¡Aprisa vas en el amor!

Albano (Triste.) — Aprisa,
cuando no en el amor, en los desvelos!

Camilo — ¡Desvelos por la gran sacerdotisa
que Palermo sembró de liviandades!

Albano — ¡Ellas son los motivos de mis celos!

(Vergonzoso.)

Camilo (Grave.) — Las virtudes, Albano, y calidades
de una mujer son justo fundamento
de amor, si la mujer es fiel y honesta
y cumple, del amor el mandamiento.
Mas donde sale una mujer como esta,
sintiendo del amor los escuadrones
en tal manera que, con menos gente
Alejandro ganó dos mil naciones;
donde hay un galán dentro y otro enfrente,
doce de a pie, cuarenta de a caballo,
tal en la posesión, tal pretendiente,
este de arnés, aquel de capisayo,
hoy de cuartel, mañana de trascoro...
¿Qué pides? ¿Que me calle? Pues me callo...

Albano — ¡Qué manso que parece siempre el toro
al que está en la ventana! Y al letrado

¡qué cobarde el flamenco y tibio el moro!
El escribir un libro concertado
¡qué fácil le parece al ignorante!
¡Qué sencilla la cátedra al soldado!
¡Qué fácil se le antoja al estudiante
el conducir la nave al Occidente!
¡Y qué ligero el claustro al comerciante!
¡Qué sin valor un alto y elocuente
discurso, juzga el labrador grosero!...
¡Qué bien niega el amor quien no lo siente!
¡Amor no es calidad, gusto ni fuero!
Amor no es honra ni es mercadería.
Amor no es regidor ni caballero.
Amor es consonancia y armonía
luego de ser infierno de disgusto.
¡que por la noche es tan hermoso día!
Si eso es amor, seguid con vuestro gusto.
Yo solamente os digo que Fenisa
tal vez llegue en amor más de lo justo.

(Asoman por la izquierda Fenisa y Celia con mantos.)

(Dichos, Fenisa y Celia.)

Celia — Admirada y con razón,
Fenisa, de tu salida,
estoy en gran confusión.

Fenisa — Sospecho que se te olvida,
Celia...

Celia — ¿Qué?

Fenisa — Mi condición.

Celia — No sé que tenga que ver
el venir a la Aduana
no siendo tu mercader.
Pues no eres tú muy liviana,
aunque eres libre mujer.

Fenisa — Eso te ha de dar aviso
de que, sin causa, no vengo.

Celia — ¿Es amor?

Fenisa — ¡Tan de improviso!
Pero yo ¿cuándo lo tengo,
aunque me adore Narciso?...
Desde el primero que amé
y que a olvidar me enseñó,
tan diestra en no amar quedé
que de uno que me burló
en los demás me vengué.
Notablemente se arroja
una mujer a querer
cuando un gusto se le antoja,
pero más a aborrecer
cuando se cansa y se enoja.
Según corre entre los hombres
esto de amar con engaño,
de mi desdén no te asombres,
basta al cuerdo un desengaño.
¿Amor? No. ¡No me lo nombres!
No porque yo no perciba
sus regalos y su bien:
pero no es razón que viva
quien nació libre también

de un hombre libre cautiva.
Yo he dado en esta flaqueza
de burlar cuantos engaña
esto que llaman belleza

Camilo (A Albano.) (Celia sola la acompaña.)

Albano (A Camilo.) ¿Celia?

Camilo No más...

Albano ¡Linda pieza!
Extraña imaginación
es venir a la Aduana
las dos solas.

Camilo Cosas son
de su condición liviana.

Albano ¡Conozco su condición!
Palermo es famoso puerto
de extranjeros y de tratos...
Algún lance ha descubierto.

Camilo Ella es de Circe un retrato...
De que te ha visto te advierto.

Albano Hablalla será mejor.
(A Fenisa.) ¿Dónde bueno?

Fenisa A ver el mar
que me agrada su furor.

Albano Todo te suele agradar

cuando carece de amor.
Este desdén de las ondas,
esta perpetua contienda
te agrada... Mas no respondas...
¡Por lo que tiene de hacienda
pienso que su margen rondas!
¿En qué rico forastero,
en qué mercader famoso,
en qué extraño marinero
echas el anzuelo hermoso
para buscar su dinero?...
¿Qué es lo que buscas aquí,
en el puerto de este mar?

Fenisa — Seguro estarás de mí
que no te vengo a buscar.

Albano — Yo, en cambio, te busco a ti.

Fenisa — ¿Qué me quieres?

Albano — Solo verte,
para alivio de una vida
que has condenado a la muerte.

Fenisa — ¿Me tomas por homicida?

Albano — No es poco bien conocerte.

Fenisa — Albano, si no has sabido
esta condición que el cielo
me ha dado, que oigas te pido
porque cese tu desvelo
de competir con mi olvido.

Yo tuve en mi nacimiento
una estrella que me obliga
a que en este mar violento
peces busque, peces siga,
hasta que logre mi intento.
¿No has visto que un gran señor
va por los valles y cerros,
despeñado cazador,
ya con aves, ya con perros,
sin temer nieve o calor?
Pues eso mesmo hay en mí;
pero apliquéme a pescar
y a eso vengo por aquí:
tiendo la red en el mar,
que es la estrella en que nací.
Ojos y boca son cebo
del anzuelo de este amor;
si pica y es simple y nuevo
dóile cuerda, y del favor
asido un año le llevo.
Si es ladino y está diestro,
aunque caiga, vuelve al mar,
porque ofendida me muestro
de que al no me aprovechar
ocupe el anzuelo nuestro.
Si yo viere la hermosura
mayor que naturaleza
ha dado a mortal criatura;
si viere más gentileza,
más tierno amor, más blandura;
si viere por mí llorar;
si me viere eternizar
más que Laura y que Beatriz;
si viere un mozo infeliz

de mis balcones colgar;
si viere que por Fenisa
Píramo se pasa el pecho
y Leandro nada aprisa...
¡mientras no viese provecho
todo era cosa de risa!...

Camilo (A Albano.) ¿Oístela?

Albano (Ya lo oí.)
Escucha, Fenisa.

Fenisa Di.

Albano Si hubiese quien te llorase,
te amase... y te regalase,
¿diérasle amor?

Fenisa Eso sí.

Albano ¿Con qué te contentarás
para prueba de este amor,

Fenisa Necio por extremo estás...
¿Quieres entender mejor?

Albano Sí.

Fenisa Pues declárome más.
Quien tiene un jardín ¿qué hace?
Riega, regala, cultiva
la planta o árbol que nace,
para que después reciba
el fruto que satisface.

Quien tiene un caballo hermoso
asiste a verle comer
de su estancia cuidadoso;
¡hasta el herrar quiere ver
de sus estampas curioso!
Mira el freno y el bocado
que lengua y boca no ofenda,
tráele bien enjaezado
y por puntos le encomienda
al solícito criado.
Frontales le manda hacer
y rizar y componer
con batidas de bizarría,
¡y todo esto para un día
en que le quiere correr!...
¿Hazme entendido?

Albano — Bien creo
que te entiendo.

Fenisa — Pues ¿qué, aguardas
a conocer mi deseo?...

(Hablan bajo Albano y Fenisa. Por la izquierda. Lucindo, en traje de mercader rico y Tristán, su criado.)

(Dichos, Lucindo y Tristán)

Lucindo — ¿Has contentado a los guardas
de la Aduana?

Tristán — Tal creo.
Toda la carga está fuera.
No queda cosa en la nave.

Lucindo ¡Oh, Palermo!

Tristán ¿Qué te altera?

Lucindo ¡Qué bien, tras navegar, sabe,
Tristán, la verde ribera!...

Tristán ¿Lo dices por las mujeres
que pasean por la playa?

Lucindo ¿Yo?

Tristán Como tanto las quieres,
recelo que tu amor vaya
por el mar de los placeres.

Lucindo Ya conozco el desengaño.

Tristán Ya mil veces esto has dicho
y has vuelto siempre al engaño.

Lucindo Sastre que conoce el paño
está libre de entredicho.

Tristán Dios te oiga y a mi también,
pues que sobre faldas vuelas.

Lucindo Diérame el turco su harén
y escapara... ¿A qué recelas?

Tristán Dios te oiga, repito, amén.

Lucindo Si mi padre aquí me envía

desde Valencia, Tristán,
con esta mercadería;
si mis deudos, que allá están,
con mi hacienda suya y mía,
y de lo que he de vender
tengo que cargar de trigo...
¿qué espacio para mujer
quedará, Tristán amigo?

Tristán — Ni el fiar ni el porfiar,
ni el alzarse ni el quebrar,
ni el no pagar los señores,
ni el morirse los deudores,
ni la inclemencia del mar,
igualan a que se arroje
un mercader a querer,
ni hay pirata que despoje
como una hermosa mujer
que entre los brazos le coge.
¡Plegue al cielo, que te dure
aqueste conocimiento!...

Albano (A Fenisa.) — ¿Me dices, pues, que procure
regalarte?

Fenisa — Así lo intento,
porque el amor se asegure.
Que no puede amor durar
sin fundamento y estribo.

Albano — ¿Y qué es el estribo?

Fenisa — El dar.
porque, no habiendo dativo,

todo es vano porfiar.

Albano — Voy a tratar de tu gusto.
Dame esta noche licencia.

Fenisa — Si me regalas, ¿no es justo?

(Vase retirando Albano y dice a Camilo.)

Albano — (Perdiendo voy la paciencia.)
(¿No os desapasiona aquí
verla interesada?)

Albano — (Es bella
y más me enloquece así.
Este interés y desdén
me obliga a ver si la venzo.)

(Salen Albano y Camilo por la derecha.)

(Fenisa, Celia, Lucindo, Tristán.)

Fenisa (A Celia.) — (El hombre parece bien,)

Celia (A Fenisa.) — (Pues llega a hablalle.)

Fenisa — Comienzo.
(Mirando a la derecha.)
¿Fuéronse?

Celia (Mirando a la derecha.)
Ya no se ven.

Fenisa — (¿Parécete pez el hombre

que me será de provecho?)

Celia (Llega y pregúntale el nombre.)

Fenisa (Por mi vida, que es bien hecho.)
(A Lucindo.) Dios os guarde, gentil hombre.

Lucindo Y a vos os dé un rico esposo
si sois libre, y si tenéis
marido, pues fue dichoso
en ser vuestro, le gocéis
sin pensamiento celoso.
¿Qué es lo que queréis de mí?

Fenisa ¿Cuándo llegasteis aquí?

Lucindo Hoy vi la tierra y la aurora
juntas, mas el Sol, señora,
hasta veros no lo vi.

Fenisa Con poética licencia
me habéis hecho vuestro Sol.

Lucindo Diómela vuestra presencia.

Fenisa ¿Qué nación?

Lucindo Soy español.

Fenisa ¿De qué parte?

Lucindo De Valencia.

Fenisa Si fuérades de Toledo

tenía que preguntaros...

Lucindo Solo de Valencia puedo...

(Hablan bajo Fenisa y Lucindo.)

Tristán (A Celia.) ¿Puedo yo también hablaros?

Celia Bien podéis estando quedo.

Tristán Va de quedo y digo así.
¿Quién es aquesta su dama?

Celia Una dama.

Tristán ¿Dama?

Celia Sí.

Tristán Y ¿de qué manera es dama?

Celia ¿Eso me pregunta a mí?

Tristán ¿Pues está mal preguntado?

Celia El ¿cómo es hombre?

Tristán Formado
de cuatro elementos soy;
tengo alma y cuerpo y estoy
de potencias adornado.
Diferénciome a mujer
en las barbas y el valor.
No me mande proceder,

sino advierta que, en rigor,
dama es oficio y no es ser.
Doncellas suelen decir
a muchas, sin advertir
que se han de diferenciar:
que hay doncellas de casar
y doncellas de servir.
Así, dama, ha de tener
su diferencia forzosa.

Celia — Por lo menos, es mujer
discreta, gallarda, hermosa
y de honrado proceder

Tristán — ¿Y qué busca por aquí?

Celia — Nuevas de un perdido hermano.

Tristán — Peligro corréis así.

Celia — ¿Peligro?

Tristán — Peligro. Es llano.

Celia — ¿No es tierra segura?

Tristán — Sí.
Pero el mar, que estos altivos
peñascos quiere exceder
de sus límites nativos,
sin duda os quiere prender...
por pescados fugitivos.

Celia — ¡Lindo. bellaco!

Tristán ¿Yo lindo?

Celia ¡Tú conmigo españolizas!

Fenisa (A Lucindo.) Digo, mi bien, que me rindo.

Lucindo ¡Renazco de mis cenizas!

Fenisa ¿Cómo es tu nombre?

Lucindo Lucindo.

Fenisa Si nombre de luz tenías
¿qué mucho que me encendieses?

Lucindo Las desconfianzas mías
querría que conocieses

Fenisa ¿Español y desconfías?

Lucindo ¿Pues no ha de desconfiar
un forastero?

Fenisa
(Fingiendo arrebato.) No sé...
¡Nunca yo viniera al mar,
pues otro en su playa hallé
donde me pienso anegar!

Lucindo (Sorprendido.) ¿Que te he parecido bien?

Fenisa Tanto bien me has parecido,
que en lo que mis ojos ven,

no hay más que tú. ¿Qué has traído
en tus ojos? ¡Ay no más!...
¡No más me mires! ¿Qué es esto?
¡Jesús, qué hechizos me das!

Lucindo (Pasmado.) ¡Tan presto!

Fenisa ¡Ay, Dios, vete presto!...
Mas espera... ¿Dónde vas?

Lucindo A la posada...

Fenisa ¿Posada?
Si por mis deudos no fuera,
según me siento inclinada
en mi casa te la diera.
Pero... escúchame. Entrarás
diciendo que de mi hermano
sabes nuevas.

Lucindo (Perplejo.) ¿Nada más?

Fenisa Sígueme.

Lucindo (Fogoso.) Dame la mano
que te la quiero besar...

Fenisa (Coqueta.) Quedos... A Celia hablaré
para que avisada esté.

Lucindo Y yo a este criado mío.

Fenisa Celia...

Celia Señora...

Fenisa (¡Un navío!)
(¡¡La fortuna que soñé!!)

Lucindo (¿No te lo digo, Tristán?)

Tristán (Pero, señor, por Jesús...
¡A mí con ese tús tús,
que soy más viejo que Adán!)

Fenisa (A Celia.) (Tápate y vamos de aquí,
que ya nos vendrán siguiendo.)

(Sale con Celia, izquierda.)

(Lucindo y Tristán.)

Tristán ¿Así te lo dijo?

Lucindo Así

Tristán (Confuso.) Pues juro que no lo entiendo...
si no se burla de ti.

Lucindo ¿De mí?... Pero, ¿qué la he dado?

Tristán ¿Qué piensas tú que es mirar
y hablar tierno y regalado?
¡Escrituras de pagar
el amor hipotecado!

Lucindo Yo, Tristán, iré tras de ella,
no solo por ser tan bella

sino porque puede ser
una principal mujer
o alguna ilustre doncella.

Tristán ¿Ilustre doncella? No.
Que mujer que tiene lustre
con alguno se lo dio.

Lucindo Pues siendo una dama ilustre,
¿qué pierdo en servirla yo?

Tristán ¡Dama ilustre junto al mar!

Lucindo ¿No pudo salir a ver?...

Tristán A ver si puede pescar.
Pescadora debe ser,
pues que te quiere enredar.

Lucindo ¿Enredarme en mi dinero?

Tristán Sí tal.

Lucindo Mas si no he vendido,
puesto que vender espero
lo que a Sicilia he traído...
¡Que sea yo tu escudero!
¿No se lo darás después?
¡Bah!... Después que nos partamos...
Pero, vamos... que los pies
no mueve, porque vayamos.
(Porfiando.) Es, que temo que les des
el dinerillo que llevas.
(Dándole la bolsa.) Guarda tú la bolsa allá

Daca. Y temo que te atrevas
a dar la cadena.
Está segura, con guardas nuevas.
Quítatela por mi vida.

(Quitándose y dándole la cadena.)

Toma, guárdala también.
No te enfades que te pida
esas dos sortijas.

(Dándole las sortijas.) Bien.

Sin sortijas, sin dinero
y sin cadena voy. Vamos,
que esta mujer es mar fiero
y en razón nos desnudamos
para pasarlo primero.

(Salen tras Celia y Fenisa.)

(Dinarda, de camino, en traje de hombre, y Bernardo y Fabio, detrás.)

Dinarda — Parece que escupe el mar
náufragos a la ribera.

Bernardo — La tierra sé que me espera;
la tierra quiero besar.

Fabio — Madre es la tierra que alabo,
y como madre sustenta.

Dinarda — ¡Oh, qué terrible tormenta!

Bernardo — Por fin, doblamos el cabo
y tierra pudimos dar

sin ser pasto de un delfín.

Fabio — En tierra estamos, en fin...
camino de naufragar.

Dinarda — ¿Qué habremos de hacer los tres,
ya que a Sicilia llegamos,
sin dineros y sin amos?

Bernardo — Servir.

Dinarda — ¿Servir?

Fabio — Servir, pues.

Dinarda — Yo pienso hacerme soldado
y con el sueldo tirar.

Fabio — Yo no me pienso soldar,
porque jamás fui quebrado;
pero si hay un capitán
le llevaré la jineta.

Dinarda — ¿Una persona sujeta?

Fabio — Cuantas nacieron lo están,

Bernardo — ¿Cuantas nacieron?

Fabio — Sí.

Bernardo — ¿Cómo?

Fabio — El rey, sirve de ser rey

de hacer justicia, y dar ley;
el señor de mayordomo,
de camarero, de ser
gentil hombre o de la boca,
o el oficio que le toca
a su pesar o placer.
El prelado, de acudir
a su iglesia reverente,
al gobierno el Presidente,
el oidor también a oír;
el alguacil, a prender;
el alcalde, a castigar;
el que es letrado a abogar.
a defender ú ofender;
al proceso el escribano,
al enfermo el que es doctor,
el oficial al señor,
al hidalgo el que es villano.
La casada a su marido;
a su padre la doncella,
y el padre le sirve a ella
con la comida y vestido.
Mas, ¿de qué sirve alargarse?
¿Quién hay que no sirva aquí
en darse a comer así,
en vestirse y desnudarse?
Diógenes por su ventaja
solamente no sirvió...
porque la vida pasó
metido en una tinaja.

Bernardo

Verdad es que a sí o alguno
todos sirven; mas quisiera
que entre los tres no sirviera

ninguno, Fabio, a ninguno.
Los tres somos españoles
que en saliendo de su tierra
o sea en paz o sea en guerra
se hacen príncipes o soles.
Haganlos lo mismo acá,
y pues de España vinimos,
parezcamos lo que fuimos.

Dinarda — Bien dice.

Fabio — Bien dicho está.
Oíd. Echemos los tres
suertes quién será el señor,
y al que saliere, en rigor
sirvan los dos.

Dinarda — Justo es.

Bernardo — Añadiremos un don.
Diremos que es caballero,
y aunque con poco dinero
tendrá mucha presunción.
Acudirá a los soldados,
acompañará al Virrey,
darále encomienda el Rey
y lucirá los criados
conque alguna principal
dama le avise y prevenga
de una aventura que tenga
ventura sin otra igual.
¿Qué os parece?

Dinarda — Que pareces

hombre despejado, en fin.

Bernardo ¿No es mejor que un amo ruin?

Dinarda Digo que sí treinta veces.
Porque es terrible servir
a un bellaco mentecato
que a tres gestos tire un plato.

Fabio Sí, pero habéis de advertir
que en entrando en la posada
juntos hemos de comer,
porque señor no ha de haber
si está la puerta cerrada.

Dinarda Bien dicho.
Pues va de suerte.
Tres reales tengo aquí.

Fabio ¿Son de España todos?
Sí.
Pues bien, ¿de qué nos advierte?

Bernardo Ponlos en este sombrero;
el uno es roal castellano,
el segundo valenciano
de Navarra el tercero.
Quien sacare el de Castilla
es señor.

Fabio Meto la mano.
He sacado el valenciano.

Bernardo Perdiste.

Fabio No es maravilla.

Bernardo Saca tú.

Dinarda Saco.
El que queda
me toca.

Dinarda ¡Y ser dueño a mí!

Fabio ¿Es el de Castilla?

Dinarda Sí.

Fabio El premio se te conceda.

Bernardo Por muchos años y buenos
seas dueño de los dos.

Dinarda Para serviros y a Dios
puedo decir a lo menos.

Fabio Con mil razones la suerte
cayó en tu gentil persona.

Dinarda Quita el gentil y perdona.

Bernardo Va de nombre.

Dinarda Venga.

Bernardo Advierte
que has de llamarte don Juan.

Dinarda ¿De qué?

Bernardo Escoge.

Dinarda Escoger quiero,
que no seré yo el primero.

Fabio Famoso nombre es Guzmán.

Dinarda Usale ya cualesquiera.

Fabio Coge el Mendoza.

Dinarda Peor,
que no hay morisco aguador
que no se enmendoce.

Dinarda Espera.
El Lara escojo y no más.
Don Juan de Lara es mi nombre.

Bernardo Por Dios, que vas gentilhombre

Dinarda ¿Habéis de venir detrás?

Bernardo Pues, ¿eso dudas?

Dinarda
(Pavoneándose.) Aquí
se ve la industria española.
¡Hola, pajes!

Bernardo ¡Señor!

Dinarda ¡Hola!

Fabio ¡Señor!

Dinarda ¡Venid por aquí!...

(Salen los tres contoneándose cómicamente.)

(Sala en casa de Fenisa. Estrado más vistoso que rico. Espejos, cuadros con asuntos de amantes célebres, tapices en las puertas, lámparas. Al alzarse el telón, Lucindo, en pie, examina los cuadros complacido. Fenisa está sentada indolentemente enredándole con sus artes de coqueta. En un rincón Tristán habla con Celia, sin perder de vista a su amo.)

(Fenisa, Celia, Lucindo y Tristán.)

Fenisa ¿No te sientas, vida mía?

Lucindo No, que se va haciendo tarde.

Fenisa Ya que por amor no alarde,
alarde por cortesía...

Lucindo Alégrame tanto el ver
tu casa también compuesta,
que he tenido una gran fiesta
mirándola.

Fenisa Hazme un placer.

Lucindo ¿Cuál?

Fenisa Que aquello de tu gusto

lo lleves a tu posada.

Lucindo ¿Cómo he de llevarme nada?

Fenisa ¿No? ¡pues me das un disgusto!...

(Pausa.)

Lucindo
(Viendo un cuadro.) ¡Qué bella Cleopatra!

Fenisa Bella
(Fingiendo tristeza.) porque amando se mató...
¡Quién me dijera que yo
tal vez acabe como ella!

Lucindo (Suspira.) ¿Con áspides en el seno?

Fenisa (Arrebatada.) Con tus ojos tentadores,
áspides que entre las flores
de tu mirar dan veneno.

Tristán (Sabe Dios qué, retahílas
de embustes le va ensartando!...)

Fenisa
(Acércase a Lucindo.) Así voyme envenenando
mirándome en tus pupilas

Tristán (Dando en la mesa un puñetazo.)
¡Fuego de Dios!

(Fenisa y Lucindo, sobresaltados se separan.)

Fenisa ¡Ay!

Lucindo
(Severo a Tristán.) ¿Qué fue
el gritar, ni cómo osaste?
Fue que como me avisaste
que te avisara, avisé.
Que se hace tarde, señor,
y que la Aduana espera.

Lucindo Tuvieses otra manera
de aviso, que no el furor
de gritar, como en la calle,
en casa tan principal.

Tristán (Agora es otro costal
tener que desenojalle.)

Fenisa Ve, Lucindo, que por mí
no has de dejar tu quehacer.

Lucindo Ni Aduana ni mercader
han de moverme de aquí.

Tristán (¡Buena la hicimos, Tristán!)

Celia (¿Quién te mete a redentor?)

Tristán (Yo, que veo a mi señor
con menos ropa que Adán.
¡Que sois todas!...

Celia (Coqueteando.) (¿Yo también,
cuando apenas abro el pico?)

Tristán (Dándose cuenta del intento.)
¿Así? Pues haré el borrico, a quién.
por ver quién engaña a quién.
Dije todas, por decir;
que si voy a la verdad,
(Suspira.) ¡Ay, mocedad, mocedad!

Celia
(Fingiendo enfado.) Esto me queda que oír:
¡tú viejo! ¡tú!...

Tristán (Amartelado.) (¿Habrá ladrona?)
Mujer, viejo, carcamal,
tal vez no;. mas digo tal
en tocante a tu persona....

Fenisa (A Lucindo.) Mas, ¿cómo se me olvidó
regalarte? ¿En qué he pensado?
Celia...

Celia Señora...

Fenisa (A Celia.) (¿El criado
se resiste?)

Celia (Al fin, cayó.)

Fenisa (¿Qué piensas del amo?)

Celia (Que
no te fíes, que no es tonto.)

Fenisa (¿Lo echaste de ver tan pronto?)

Celia (La cadena, ¡se nos fue!)

Fenisa (Mirando a Lucindo disimuladamente.)
(Verdad que no trae, cadena
el muy bellaco)

Celia (¿Qué tal?
¡A ver si nos sale mal
el paso!)

Fenisa (No te dé pena
del amo, que es cuenta mía.
Más ruin y solapado
es el criado...)

Celia (¡El criado
está ya para sangría!)

(Siguen hablando.)

Tristán (¡Señor, por todos los santos!...)

Lucindo (Tristán, que no y no te digo...)
Tal. (Señor, vendamos el trigo
y huyamos de estos encantos.)

Lucindo (Vendamos el trigo, pero
volvamos como centellas...)

Tristán (¡Si hay dinero y están ellas
es como si no hay dinero!)

Lucindo (Tranquilo aguarda, Tristán.)

Tristán (Mis dudas tengo, señor.)

Fenisa De la hostería es mejor...

Celia De la hostería vendrán.

(Celia, tras de cuchichear con Tristán, sale.)

(Fenisa, Lucindo, Tristán.)

Fenisa Por la merienda envié,

Tristán (¡Dios nos coja confesados!)

Fenisa ¿Gustas de dulces y helados?

Lucindo Gusto de mi dulce bien.

Fenisa Hablemos, Lucindo, un poco,
que, está en tu mano alegrarme.

Tristán (A Lucindo.) (¿Qué vas a hacer?)

Lucindo (A sentarme).

Tristán (¡No te sientes!)

Lucindo (Sentándose.) (¿Estás loco?)
(A Fenisa.) ¿Qué te diré?

Fenisa Que me quieres
aunque mientas en tu aserto.

Lucindo Que te adoro ten por cierto.

Fenisa «¿Por cierto?» ¡Qué lindo eres!
¿Qué es «por cierto»?, ¿No eres, di,
español? ¿Pues no, lo ves,?

Fenisa El «por cierto» no lo es.
El talle y la lengua, sí.
Yo aseguro que en mil años
no ha pasado otro «por cierto»
a Italia.

Lucindo Que soy, te advierto,
nuevo por reinos extraños.

Fenisa ¿Nunca dejaste Valencia?

Lucindo Siempre anduve por allá.

Fenisa El «por cierto» lo dirá.
Vale más en mi «conciencia»
o por «mi honor» o por «vida»
de «mi madre» a poder ser,
que de todo ha menester
quien como yo está afligida...
¿Vesme estar desatinada
de amor, y cuando te advierto,
me respondes un «por cierto»,
envuelto en agua rosada?
No, español; yo no te agrado
o tú quieres bien allá.
¡Si ausencia penas te da
es que estás enamorado!
Por mis ojos, por los tuyos,

por los de amor, aunque ciegos,
que te muevas a mis ruegos
y me encarezcas los suyos.
¿Son negros, garzos o azules?
¿Qué pelo, qué humor, qué talle?
¿Pensaste agora en su talle?
¡Ea, no lo disimules!
En Valencia estás agora...
¿Y qué hay por Valencia, diga?

Tristán (¡Qué socarrona!)

Lucindo Hay, amiga,
que en Valencia se os adora.
Esto hay de nuevo; y si allá
algún gusto me entretuvo,
hasta veros vida tuvo
y porque os vi, muerto está.
Una mujer me quería
entre blanca y pelinegra,
con dineros en la suegra
y el ingenio en la alquería.
Enviámonos las almas
en papeles, cuatro meses,
con requiebros portugueses
trayendo este amor en palmas.
Víla en una huerta un día,
más cerca y menos hermosa;
habléla y me supo a sosa;
toquéla y estaba fría.
Enfrióse el corazón
y ofreciéndose esta ausencia.
no deje cosa en Valencia
fuera de la obligación.

Fenisa ¡Ay de mi, que adiviné!
¡Que hombre en quien yo puse tanto
a otra amase!... ¡Si me espanto
de mí!...

Lucindo Escucha.

Fenisa (Sollozando.) ¡Déjame!

Lucindo ¿Lloras? El lienzo desvía

Tristán (¿Hay semejante bellaca?)

Lucindo El Sol de entre nieblas saca,
regalada prenda mía.

Fenisa (Furiosa.) No celos, humillación...
¡A fe que tienes aquí
pruebas que ella te dio allí!

Tristán (¿En qué parará el turbión?)

Fenisa ¡A fe que fue la cadena!
¡Por eso no la has traído!

Lucindo Que no llores más te pido.
¿La cadena te da pena?

Tristán (Ya se ablanda... ¡Vive Dios!)

Fenisa Me apena, ofende y humilla.

Lucindo Caso es que habrá que decilla...

(Incierto.)

Tristán (Cadena, volved por vos.)

Lucindo Como no traigo dinero,
hasta vender, la envié...
Tristán... La cadena.

Tristán Fue
a casa de un usurero.

Fenisa ¿Y qué dinero le dio?

Tristán No estaba y dejéla allí
quedando en volver.

Fenisa (Aquí
es donde me arriesgo yo.)

Tristán ¿El dinero te ha faltado?
(Impetuosa.) ¡Celia!

Celia (Dentro.) Señora.

Fenisa ¿No vienes?

(Dichos, Celia, Liseo, Estacio y dos escuderos.)

Celia (Seguida de criados, con paño al hombro, tazas y confituras que disponen en una mesa.)
Aquí la merienda tienes.

Fenisa No probaré ni bocado.

(A Celia áspera.) Ve, Celia, y tráeme aquí
(Sale Celia.) el escritorio pequeño.

(A Lucindo, sonriente.)

Aquí está el dulce y el dueño,
pues que ya lo eres de mí

Tristán (En esto de merendar
son ya palabras mayores.
¡Qué criados tan señores!)

Lucindo Se te debe amonestar.

(A Fenisa por Tristán.)

¡Tristán!

Tristán Señor...

Lucindo (¿Y ahora? ¿Es dama
o no es dama? ¡Estos criados!)

Tristán (Muy bien puestos y adiestrados,
señor; pero a mí me escama...)

Fenisa (A Lucindo.) ¿No bebes?

Lucindo Dame a beber.

(Sírvele, un criado.)

Tristán (¡No bebas!)

Lucindo (Confuso.) (¿Y por qué así?)

Tristán (¡No bebas!)

Fenisa ¿No bebes?

Lucindo Sí...

Lucindo (Viendo las señas de Tristán.)
Estaba esperando, a ver
si me pasa este dolor
de cabeza...

Fenisa (Es cosa hecha.
Este el engaño sospecha
y he de engañarle mejor.)

(Dichos y Celia, con un escritorio pequeño.)

Celia (Malhumorada.) El escritorio pequeño.

Fenisa Acerca.

Celia Acerco.

Fenisa Estos días
tiene cuatro fruslerías.
Ven, Lucindo, gentil dueño.

(Registrando en el escritorio.)

Estos son guantes. Bien puedes
tomar estos cuatro pares.

Lucindo ¡Son de ámbar!...

Fenisa Sí. No repares.

Lucindo Fenisa, tantas mercedes.

Fenisa Pastillas has menester,
no son limpias las posadas
Seis docenas perfumadas
me envió una monja ayer.
Toma, en este papel van.
(Registrando.) ¿Que tendré aquí más que darte?

Tristán (O es gran necia, o es gran arte.)

Lucindo (Perdidos somos, Tristán.)

Tristán (En extraña confusión
te coloca esta mujer.)

Fenisa (Sospechando de Tristán.)
Medias solía tener
de Nápoles... Y ocasión...
Tristán...

Tristán Señora...

Fenisa Aquí van
dos pares.

Tristán (Nos libre Dios.)

Fenisa También los hay para vos;
tomad...

Lucindo (¿Qué es esto, Tristán?)

Tristán (¿Qué ha de ser? Indias cifradas
en escritorios de amor.)

Lucindo Con tanto y tanto favor.
Las manos son ocupadas.

Fenisa Toma este bolsillo.

Lucindo Eso
no

Fenisa Toma.

Lucindo No. Escucha.

Fenisa Di.

Lucindo Dineros suenan aquí
y lo mismo dice el peso.

Fenisa Cien escudos hallarás
mientras no tienes dinero,
y por lo que yo te quiero
te pido que pidas más;
que cuando muchos te sobren
me los pagarás si quieres

Lucindo ¡Bendita entre las mujeres!...

Tristán (¡Verás cuando te los cobren
con réditos!)

Liseo (A Estacio.) (¿Qué pez es
este?)

Estacio (Un rico valenciano.)

Liseo (Ganando va por la mano.)

Estacio (Atado va por los pies.
Cuando Fenisa le fía
hipotecado estará.)

Lucindo Fenisa, muy tarde es ya,
y también la hacienda mía
ha menester de cuidado.

Fenisa El cielo vaya contigo.
Con toda el alma te sigo,
pues el alma te has llevado.

Lucindo Cadenas de obligaciones
me ataron a la ventura,
pues sin la de tu hermosura
en las que llevo me pones.

Lucindo El mercader español
no podrá nunca pagarte
aun cuando pudiera darte
mar y tierra, Luna y Sol.

Fenisa Guárdeteme Dios mil años.
¡Hola! Acompañadle todos...

Lucindo (A Tristán.) (¿Qué esto?)

Tristán (Notables modos...)

Lucindo (¿De qué?)

Tristán (De amor o de engaños.)

(Salen Lucindo, Tristán y los que acompañan, criados y escuderos.)

(Fenisa y Celia.)

Celia A mucho te has atrevido...

Fenisa ¡Esta es ganancia segura!

Celia Así Dios me dé ventura,
que pienso que lo han olido.

Fenisa ¿Pues qué gusto puede haber
como avisar y engañar?

(Dichas, el capitán Osorio, Dinarda (de hombre), Fabio y Bernardo.)

Osorio ¿Puedo entrar?

Fenisa Puedes entrar.

Osorio Un huésped traigo a comer.

Dinarda Vuesa merced, mi señora,
me tenga por su criado.

Fenisa (A Osorio.) Seáis, señor, bien llegado.
¿Es de España?

Osorio Y llega ahora.

Fenisa (A Osorio.) ¿Caballero?

Osorio ¿No lo ves?

Fenisa ¿Qué nombre?

Osorio Don Juan de Lara.

Fenisa Buena cara...

Osorio ¡Linda cara!

Fenisa (Cara, manos, talle y pies.)

Dinarda (Empujada por Bernardo y Fabio hacia Fenisa.)
Llegue a Sicilia en el día
de mi vida más dichoso,
pues vi el rostro más hermoso.

Fenisa Estimo la cortesía...
¿Y a qué venís?

Dinarda
(Mirando a sus pajes.) ¡Psé!... A servir
al Rey, con los alimentos
de padre y madre avarientos
en España, hasta morir.
¡Pajes!

Bernardo Señor...

Dinarda Ofreced
vuestros respetos ahora.

Bernardo (Saludando extremadamente.)
Señora mía...

Fenisa Señora...

Fenisa Agradezco la merced.

Dinarda Llegué a un corro de soldados,
hallé al señor Capitán
que es de mi tierra, do están
deudos con deudas casados,
y ofrecióme su posada,
y para mayor favor
me trajo aquí.

Fenisa Es gran honor
y quedo muy obligada...
Persona tan principal
(A Celia.) (¡Dos pajes y talle lindo!
Celia, Celia... yo me rindo.)
(A Dinarda.) (No le has parecido mal
y hay que seguir adelante.)

Osorio (A Celia.) ¿Comemos, o es que no hay modo?

Celia Ya está prevenido todo.
Comemos en el instante.

(A Fabio por Fenisa y Dinarda.)

(Parece que hemos caído

de pie, Fabio.)

Fabio (La picaña
se inclina al amor de España.)

Bernardo (Hablándose están de oído.)
En cuanto se entren me llego.

Fabio ¿A quién?

Bernardo Pues a la criada.

Fabio Aquesa ya está tomada.

Bernardo Aqueso, niego y reniego,
que yo sé que está por mí
desde que el umbral pisé.

Osorio (A Fenisa) ¿Ya me dais celos?

Fenisa ¿De qué?
¿No me enseñáis cortesía?

Osorio Sí, tal, que yo gusto mucho
que honréis al señor don Juan.

Dinarda
(A Fabio y Bernardo.) (¡Tiernas las hembras están!)

Fenisa (Escucha, Celia.)

Celia (Ya escucho.)

Fenisa ¿Viste qué gallardo?

Celia ¡Sí!

Fenisa En mi vida tuve amor,
pero ya fuera mejor
no haber visto lo que vi.
De Sevilla dicen que, es,

Celia (De Sevilla y con buen nombre,
donde diz que cada hombre
acomete lo que tres...)

Fenisa (¡Ay, Celia, que estoy que fino
de mirarle!)

Celia (¡Es guapo mozo!...)

Dinarda (A sus pajes.) (¡En llegando el alborozo
habéis de andar con más tino!)

Osorio Venid, don Juan, a la mesa.

Dinarda Pajes...

Bernardo Señor...

Fabio (¡Bueno va!)

Dinarda (A los pajes.) (¡Ya pica!)

Osorio (A Fenisa.) ¿Qué, picó ya?

Dinarda (Ya me pesa)

Fenisa (¡Ya me pesa!)

Fin de la primera jornada

Jornada segunda

(Habitación de Lucindo en la posada. Mesa, cama, sillas, equipaje, etc.)

(Lucindo, Tristán.)

Lucindo

No le congoje, Tristán,
que entre y salga quien quisiere.
Parientes suyos serán.

Tristán

Por mí, sea lo que fuere
ese señor capitán.
Bien sé que en un mes y más
que ninguna cosa das
y mil regalos recibes,
seguro de engaños vives,
pero de amor no lo estás.
Quien no da, no tiene acción
a pedir celos, ni hacer
de agravios demostración;
solo el dar en la mujer
alcanza jurisdicción.
Pero si al fin la desvía
de tu gusto, otro interés
que enriquecerla porfía,
¡lo que no has dado en un mes
vendrás a darlo en un día!...

Lucindo

No pienso yo que Fenisa,
Tristán, por otro me deje,
que eso de interés es risa.

Tristán

Amor, obstinado hereje,
las mesmas verdades pisa.

El que en mujer se confía
lejos está de discreto.

Lucindo
No ha sido la culpa mía,
sino de que no pedía
ni pide...

Tristán
Así es, en efecto.
No te echo en cara el entrar
en su casa, pues no hay dar
el valor de un alfiler...

Lucindo
Pues, ¿qué entonces?

Tristán
El querer.

Lucindo
No lo puedo remediar.
Yo la adoro porque sé
que es verdadero su amor,
que solo yo lo alcancé,
que no hay más competidor
que yo, desde que la hablé.
Ese español capitán
y otros que entran en su casa,
ninguna pena me dan,
porque es cosa que no pasa
de conversación, Tristán.
Fuera de que yo he venido
y me iré cuando quisiere
gustoso y entretenido,
a donde verla no espere
y me la borre el olvido.
Contaré en Valencia el cuento
a los amigos y damas

con grande gusto y contento...

Tristán Con razón cuento le llamas...

(Llaman a la puerta.)

Lucindo ¿Llamaron?

Tristán Sí, gente siento

(Entran Celia, con manto, y el Escudero con un tabaque cubierto por el tafetán.)

(Dichos, Celia con Escudero.)

Celia ¡Qué, descuidado estarás
de esta visita!

Lucindo Jamás,
Celia, lo estoy de mi dueño.

Celia Allá nos quitas el sueño,
Y aquí sin memoria estás.
Mas, ¿qué, agora te levantas?

Lucindo No duermen los mercaderes
tanto, y más con penas tantas.

Celia ¿Penas, si adorado eres?

Lucindo ¿De que las tenga te espantas?

Celia Quisiera, para un presente
que traigo, hallarte acostado;

y este viejo impertinente
tan tarde se ha levantado
—como ya ni ve ni siente—
que a mediodía he venido.

Escudero — Siempre me culpas a mí...

Celia — A no haber ese descuido...

Lucindo — ¿Que te trae por aquí?

Celia — Seis camisas he traído,
¡Mira qué suave holanda!
Pues no pienses que esto es randa;
todo es fina cadeneta
de la aguja más perfecta
y de la mano más blanda.
Así, espera el enviado
que las tomes sin orgullo
de corazón regalado,
que más puntos que ha labrado
le quedan pasando el suyo.
Mandóme que te vistiese
la mejor, y te dijese
que ¡ojalá que ella pudiera
servirte de camarera!...
y que mi abrazo te diese.

Lucindo — Venga ese abrazo en buen hora.

Tristán — (No desaprovecha un clavo.)

Lucindo — Bien, dirás a tu señora
que soy su rendido esclavo

desde la noche a la aurora.
Dame, Tristán, esa pieza
de tela, que se la lleve
a la celestial belleza,
que es encarnada y su nieve
tendrá mayor gentileza.

Tristán — Voy por ella.

Celia — No, Tristán,
que sé que me matarán
si la llevo... Que es mujer
que no admitirá en su afán
lo negro de un alfiler.

Lucindo — Ya que ella es de condición
tan esquiva, tú bien puedes
tomar en esta ocasión
estos escudos.

Celia — Mercedes
como de tu mano son,
mas no los puedo admitir.

Lucindo — ¿Quién vio tal obstinación?

Celia — Aquesta es la condición
que me imponen al venir

Tristán — Escribir en el mar quiero
y en la nieve quiero arder,
puesto qué a fe de escudero,
¡hoy he visto una mujer
enemiga del dinero!

(Llaman a la puerta.)

Lucindo ¿Llaman, Tristán?

Tristán (Incierto.) Sí... Llamaron.

Celia ¿No estorbaré?

Lucindo Aguarda aquí...
(Vuelven a llamar.) ¿Será?

Tristán Sin duda avisaron
de la Aduana, y así
a verte lo encaminaron.

Lucindo Hazte pasar.

(Tristán abre la puerta.)

(Entra micer Jacobo, mercader judío, avaro, receloso y adulador; trae una bolsa con escudos y un pliego de contrato.)

(Dichos, micer Jacobo.)

Jacobo (Con reverencia.)
Excelencia...

Lucindo Podéis tratar sin recelo
y dejad la reverencia,
que estas cosas de «coincidencia»
han de tratarse en un vuelo.

Celia (A Tristán.) (Yo me voy.)

Tristán (¡Qué te has de ir
si a esto has venido, a husmear!)

Jacobo ¿Queréis tratar?

Lucindo A tratar
vamos.

Jacobo (Por los demás.) Os debo advertir,
excelencia, a mi pesar

Lucindo ¿El documento está listo?

Jacobo Sí.

Lucindo ¿Y el dinero también?

Jacobo También, excelencia.

Lucindo ¿El «visto»
de la Aduana está bien?
Pues terminemos, por Cristo!

Jacobo (Sacando del jubón la bolsa, un pliego, tintero atornillado y pluma.)

Ved el contrato legal,
los sellos... la tasa...

Lucindo (Leyendo con asombro.)
¿Qué?

Tristán (Ya va sintiendo el dogal
que le aprieta.)

Lucindo ¡No podré
con una humillación tal!
Sanas son mis mercancías
en buen estado han llegado...

Jacobo ¡Excelencia!...

Lucindo Y se han sellado
un la Aduana, y los guías
testimoniaron ayer
que telas y frutas son
de excelente condición.

Jacobo No hay, excelencia, poder
que no sufra alteración;
por medianas me las dan
y por medianas las tomo.

Lucindo ¿Pero no escuchas, Tristán?

Tristán Escucho y reniego.

Lucindo ¿Cómo
los de la Aduana están?

Jacobo (Levantándose y recogiendo el tintero y los documentos.)
Yo imaginaba, excelencia,
que era asunto terminado,
y como tal, pedí audiencia;
que a habérmelo imaginado
dudoso...

Tristán ¿Y habrá paciencia

para no darle al rufián?

Lucindo (A Tristán.) ¡Tente!

Jacobo (Irónico.) ¡Excelencia!

Lucindo ¡Tristán!
¿No ves que pierdes razón?
El vino por mí llamado
Está en mi casa, ¡es sagrado!

Jacobo ¡Excelencia!

Lucindo Es ocasión
de admitir o rechazar,
supuesto que es un anciano
que aquí viene a negociar,
¡pero no de alzar la mano
y tenerla que bajar!

Tristán Señor...

Jacobo Excelencia

Lucindo Agora
te digo que es gran falsía
darme por la mercancía
tres mil escudos...

Celia (¡Señora
de mi alma, qué alegría!)

Jacobo
(Acariciando la bolsa.) ¡Tres mil escudos! ¡tres mil!

Lucindo (¡Una fortuna!)

Tristán (¡Un tesoro!)

Lucindo (A Tristán) (¡Y yo sin blanca!)

Tristán (¡Y yo moro.!)

Jacobo (Ponderando.) ¡Tres mil escudos en oro!

Tristán (¡Agora el golpe gentil!)

Celia ¡Señor!

Lucindo Celia.

Celia Perdonad;
mas yo debo retornar
con mi señora, que es tarde...

Lucindo Decidla que allá me aguarde
esta noche, y agregad,
Celia, que por sus amantes
regalos y sus constantes
desvelos, no me reproche
si yo la ofrezco a la noche
(A Jacobo.) un cintillo de brillantes.
Y vos, en quien el recelo
halló la triste figura,
traed que triste en mi vuelo
y desataos el cielo
de escudos, de la cintura.

(Va a la mesa, donde micer Jacobo y Tristán disponen la firma. Agrúpanse los tres; el mercader, luego de ver la firma de Lucindo, comienza a recontar escudos; Celia, al verlos de espaldas queda un instante el umbral, escuchando la música del oro.)

Celia Sonad, escudos, sonad
vuestra canción de oro y risa,
que presto os vais a enredad
al anzuelo de Fenisa.

(Patio en casa de Fenisa. Al foro izquierda, escalera de balaustrada que sube al corredor, de arcos y columnas renacimiento. A la derecha y en segundo término, arco de entrada. En primer término, puertas laterales que dan a las habitaciones de planta baja. Una mesa, y algunos taburetes y sillones. Al alzarse el telón sale por el primer término izquierda Albano y Camilo.)

(Albano y Camilo.)

Camilo ¿De qué os hacéis tantas cruces?

Albano ¿No me tengo de espantar?
¿A qué más pueden llegar
unos bríos andaluces?

Camilo Luego, ¿dais en que es mujer?

Albano Tan cierto como hombre yo.
No más verla y se inmutó.

Camilo Nada de esto eché de ver.
Mas, ¿no veis que es desatino
ver un mancebo y decir
que es mujer?

Albano Falta saber
y averiguar su destino.
Oíd, que os quiero contar
tocante al caso, una historia,
que por ser mía y ser de ella
a entrambos nos mide y honra.
En la más bella ciudad
que mira el Sol en Europa,
pues todo el oro del mundo
es para hacelle corona;
en Sevilla y en la calle
«Baños de la Reina mora».
nació Dinarda, y ya visteis
por los ojos, si es hermosa.
Servila, y después de un año
de paseos y de rondas,
papeles y diligencias
de terceras cautelosas,
rindióse solo a escribirme,
que si dijera otra cosa,
a mi verdad y a su sangre
haría ofensa notoria.
Tiene el Duque de Medina
ya entenderás que es Sidonia
a espaldas de su palacio
un corredor de pelota,
y tiene este corredor
empenachadas de hojas
las armas de los Guzmanes,
que en Tarifa se acrisolan,
y debajo de las armas
aquella fiera espantosa
que mató Guzmán el Bueno

en las africanas costas.
Entra por la boca el asta,
sale entre la crin cerdosa
el hierro bañado en sangre
que cíñele escudo y cola...
Estas armas, timbre y cerco,
que aquel corredor adornan,
un día estaba mirando
grande juventud ociosa,
porque acabado un partido
Y desde una parte a otra
peloteándose andaban
por ser la tarde lluviosa.
Dio un caballero al león
un pelotazo en la boca
y dijo: «En África había
una contienda dudosa
sobre quién mató al león;
pero sepan desde agora
que yo le maté, pues hay
testigos de la pelota...».
Respondí, aunque era de burlas,
por la afición que me toca
a la casa de Medina:
«Necio es quien así se mofa
de la hazaña de un Guzmán.»
«Necio y vil es quien provoca
escondido entre la gente»,
me replicó. Yo, la cólera
revuelta, asíle de un brazo;
él requirió la tizona,
alcé yo la pala entonces
y antes de él sacar la hoja
di con mi pala en su frente,

dejándole entre las losas
del corredor, moribundo,
a tiempo que la discordia
encendida entre los bandos
de las palas y tizonas,
desgarradas las gorgueras
y las plumas más airosas,
con sombreros y birretes
iban formando una alfombra.
Aquel grita por Guzmán,
el otro contra Sidonia;
el barrio entero se mueve,
se agita Sevilla toda.
Oidores y chancilleres
apréstanse con las rondas
y un veinticuatro que acude
seguido de gran escolta,
logra prender a los menos
y hace que los más se escondan.
Yo, entre los más evadíme,
y al saber que la victoria
había determinado
mi vergüenza y mi derrota
—que el hermano de Dinarda
fue aquel que dejé en las losas
tan mal herido—, mis padres
el discreto acuerdo toman
que embarcase al otro día,
y con cartas me acomodan
para el de Osuna, virrey
que ha dos meses que me honra.
Dos meses aquí he llevado
que los recuerdos transforman,
mudándome de Dinarda

por Fenisa, cuando agora,
en la casa de Fenisa
vi este capitán, que es copia
de Dinarda tan pareja,
tan segura y asombrosa,
que ella es Dinarda y el traje
un disfraz que le acomoda.

Camilo Pues, ¿cómo la que en Sevilla
doncella es de fama y nota,
ha de venir a Palermo
de capitán y a la ronda
de una doña: «Aquí me tienes
según en lo que me compras?
¿Estáis en vuestro juicio?».

Albano (Pensativo.) Siento que ya se alborotan
recuerdos de mi Dinarda
contra Fenisa, y es cosa
de meditar y volver
esta noche.

Camilo Luego ahora
dejáis a Fenisa cierta
por Dinarda, que es dudosa?
¿Tan mudable es vuestro amor?
¿Tan liviana vuestra gloria,
que cambia por el vestido
lo que otros por la persona?...

(Salen derecha.)

(Por la izquierda, Fenisa y Dinarda, y detrás Bernardo y Fabio.)

(Fenisa, Dinarda, Bernardo, Fabio.)

Fabio (Hagamos entre los dos
que se muestre más amante.)

(Procuran hacer señas a Dinarda, avisándole de que acepte los rendidos amores de Fenisa.)

Fenisa (A Dinarda.) ¿No quieres tú que me espante
de tu desdén?

Dinarda No, por Dios,
sino estar agradecida
a la lealtad que he mostrado
al capitán.

Fenisa ¡Tú has vengado
muchos de quien fue homicida!
Mas piensa que pensaré
que es miedo y no lealtad,

Dinarda Amor sabe que es verdad.
Con Osorio aquí llegué;
él me trujo, él te ha servido,
¿no ves tú que no es razón
hacerle tan vil traición
a un hombre, tan bien nacido?
Si solo y por mí te viera,
¿sabes cómo me portara?
¡Qué de veces te abrazara!
Qué de amores te dijera!
Mi ventura solo quiso
que en tan ingrato accidente
tus ojos sean la fuente

y yo tu loco Narciso.
Tántalo soy; no me toca
amor, sino enloquecedor,
pues no te puedo beber
teniendo el agua en la boca...

Bernardo (A Fabio.) (¿Quédate ya alguna duda?)

Fabio (A Bernardo.) (Ninguna me queda ya.
Es tan hombre como acá
y más gentil por la muda.)

Bernardo (La enredará y medraremos
los tres, que es rica sin tasa
esta Fenisa.)

Fabio (¡Qué casa!)

Bernardo (¡Mejor puesta la pondremos!)

Fenisa Bien podías, en secreto,
ser dueño de quien te adora.

Dinarda ¿Qué más quiero?... Mas agora
la amistad me trae sujeto.
Osorio me trujo aquí.
Débole ya... hasta dinero.

Fenisa (Con arrebato.) ¡Pagarte las deudas quiero!

Dinarda
(Como ofendido.) ¡Las deudas!

Bernardo

(Con señas a Dinarda.) (¡Dile que sí!)

Fabio
(Con señas a Dinarda.) (¡Dile que sí! ¡Voto va!)
(¡Agora calla el ladrón!)

Fenisa ¿Cuando, di, tu corazón
sus deudas me pagará?

Bernardo
(Haciendo señas.) (¡Cuerpo de tal!)

Fenisa ¿Te resuelves
a no pagar este amor?

Dinarda Conociéndome, en mi honor,
Fenisa, ¿a probarme vuelves?
Haz una cosa: da traza
de que el capitán se ausente
—pues tú podrás fácilmente
hacer que cambie de plaza—
y en su ausencia te prometo
dar rienda suelta a mi amor.

Fenisa En tu promesa y honor
fío, y la palabra acepto.

(Sale Celia, azorada, por la izquierda primer término.)

(Dichos, Celia.)

Celia (Alarmada.) ¡Que aquí está Lucindo!

Fenisa (Inalterable.) ¿Quién?

Celia El mercader de Valencia.

Fenisa ¡Ah, sí!
(A Dinarda.) Me das tu licencia?

Dinarda Licencia tienes, mi bien.

(Éntranse Fenisa y Celia por la izquierda.)

(Dinarda, Bernardo y Fabio.)

(Bernardo y Fabio acuden a Dinarda, cada cual cogiéndola de un brazo.)

Bernardo (A Dinarda.) ¿Cómo das en remolón
de amar tan gentil creatura?

Fabio No sabes nuestra premura
de dineros?

Bernardo ¿Qué ocasión
mejor aguardas?

Fabio ¿Qué mar
donde bogar más ligero?

Bernardo ¿Cómo no aceptas dinero?

Fabio ¿Cómo te haces de rogar?

Dinarda Bien en vuestra condición
de villanos os mostráis,
cuando en la priesa buscáis
lo que es de la discreción.

¿Pues cómo pedís, mostrencos,
sin diferenciar razones,
cazar fieras con halcones,
rendir garzas con podencos?
¿Pensáis que los menesteres
de amor no se han de estudiar,
y que se pueden juzgar
unas, todas las mujeres?
¿Merecerán trato igual
la altiva y la delicada,
panes de la mesma jornada,
rosas del mesmo rosal?
¿No distinguís los antojos
del amor que reverencia?
Pues qué, ¿es hermana la ciencia
de unos ojos y otros ojos?
No es este amor de posada
ni Fenisa tan cerril,
sino dama a lo gentil
de condición avisada,
y mal puedo, en unos ratos
de dama con caballero,
portarme, como arriero
con un atropella platos...

Bernardo (Perplejo.) ¡Por Dios, que si bien se advierte!

Fabio ¡Por Dios, qué claro razona!

Dinarda
(Contoneándose.) ¿Pensáis que aquesta persona
no sabe de amor la suerte?...
Pues cuántas damas de pro
no cayeron en mis lazos!

¡A cuántas en estos brazos
tan diestros, no dormí yo!
¡Ni quién como yo ha sabido
de todo cuanto a amor toca!
¡De confituras de boca
y de regalos de oído!

Bernardo (¡Pensar que la sospechamos
de mujer!)

Fabio (¡El más galán
no llega donde el Don Juan
que por suerte disfrutamos!)

(Asoman Lucindo y Tristán por la derecha.)

(Dichos, Lucindo y Tristán.)

Lucindo (A Tristán.) ¿No le dio Celia mi recado?

Tristán Pienso
que tiene algunos huéspedes Fenisa...

Lucindo ¿Es caballo de Troya aquesta casa,
que siempre está preñada de armas y hombres?

Tristán ¿Pues cuál audiencia pública, Lucindo,
iguala al patio de una mujer de estas?
Aquí tiene sus horas y aquí juzga,
entre los pretendientes y abogados
que le envían presentes y procesos,
y el memorial de ayudas y el soborno.

Lucindo (Por Dinarda.) ¿Quién es este español que tan solícito frecuenta así esta casa?

Tristán ¿Este?... Imagino
que es el del alma.

Lucindo Y yo ¿soy el del cuerpo?
Donaire tienes. Si Fenisa vive
en el cuidado que la ves conmigo
y le cuesto regalos y dineros,
¿cuál otro puede haber que sea del alma?

Tristán ¿No sabes tú que hay almas en que caben
como en costal, los tres y los trescientos?
Cuando ves escribir a una señora
treinta papeles para treinta amantes;
que a uno le pide el coche y a otros celos,
y a este le habla en su alcoba y a otro en misa,
¿has de pensar que solo quiere a uno?

Lucindo (Por Dinarda.) Hablarle intento...

Tristán Sin cuidado puedes.

Lucindo Hablaros, caballero, he deseado.

Dinarda No menos yo, que os hablaré gustoso;
mas si es por celos de Fenisa, os pido
no los tengáis de mí, porque a su casa
me han traído cuidados diferentes...
¿Cuándo os volvéis a España?

Lucindo Ya he resuelto
de que en todo este mes, porque a mi gusto
he despachado cuanto della truje;

más tiéneme Fenisa cautivado...

(Hablan aparte.)

Bernardo (A Tristán, con reverencia.)
Señor lacayo...

Tristán
Señor Duque...

Bernardo
¡Oiga
la chanza! ¿Es español de tal alcurnia,
que el «lacayo» le enfada?

Tristán
Sus altezas
perdonen, que mi facha, a lo que entiendo,
no es para contentar a dos virreyes...

Bernardo
(Ladillo es el bellaco.)

Fabio
(Y pajarote.)

Lucindo (Por Dinarda.)
Pues tendré gran merced que nos hablemos.

Dinarda
A donde os dije estoy.

Lucindo
Yo iré a buscaros...

Bernardo
Fabio, don Juan se va...

Fabio
(Reverencia cómica)
Señor lacayo...

Tristán
(Reverencia cómica.)
¡Alteza!, perdonad... ¡Perdón, alteza!.

Dinarda ¡Pajes!

Bernarda Señor.

Dinarda ¡Hacia palacio vamos!

(Sale con los pajes.)

(Lucindo, Tristán, Celia, por la izquierda.)

Celia Ni señora te suplica,
Lucindo, que la perdones,
ya que por ciertas razones
que aquí no te significa
no puede salir a verte.

Lucindo Cierta visita que vi
y ha poco salió de aquí
avisóme de esta suerte.
Es Fenisa flor de corte,
es lindo don Juan de Lara;
cuando ella no me avisara
él me avisara en su porte
vencedor...

Celia No digas tal,
Lucindo, de mi señora...

Lucindo ¿Y el no recibirme agora
con pretexto desleal?
¿Es que hay adentro...?

Celia No sigas

ofendiéndola de ausente...
que enferma saldrá, y presente
ha de estar a cuanto digas...

(Sale izquierda.)

(Lucindo, Tristán.)

Lucindo Escucha...

Tristán Enojada fue

Lucindo ¿Por lo que dije?

Tristán Fue error
llamar fingido su amor.

(Salen Celia y Fenisa, ésta enlutada y con una carta y llorando.)

(Dichos, Fenisa y Celia.)

Lucindo (Sorprendido al ver a Fenisa.)
(¿Qué es esto, Tristán?)

Tristán (Idem.) (No sé.)

Lucindo (A Fenisa.) ¿Luto vos, señora mía?
¿Qué duelo es ese y qué llanto?

Fenisa Para no afligiros tanto
no veros, mi bien, quería.
Mas como allá dentro oí
ofender mi gran amor,
aun a trueque del dolor

a defenderlo salí.
Quiero ver si se asegura
en tu hidalguía española
herir a una mujer sola
(Sollozando.) y en tan recia desventura...

Tristán (¿Pucherícos al salir?)
(¡El señor nos libre, amén!)

Lucindo Sosiégate ya, mi bien;
celos me hicieron decir...

Fenisa (Con estupor.) ¿Celos de mí, a quien tu amor
tiene como emparedada?...
¿Hay suerte tan desdichada?

Tristán (¡Hay embustera mayor!)

Lucindo ¿Qué, puede haber sucedido,
alegría de mis ojos,
que en nubes de agua y enojos
este Sol tiene escondido?
¿Qué es este luto que enluta
tus adornos y primores?
¿Qué dolor de los dolores
tu corazón ejecuta?

Fenisa ¡Ay! mi español adorado,
si acaso el caso sabéis,
pienso que disculparéis
las lágrimas que he llorado,
porque, al fin, de sangre son.

Lucindo ¿Cómo de sangre?

Fenisa Pues ya
desearlo sabéis todo,
(Dale la carta.) esta carta dice el modo,
la pena y quién me la da.

Lucindo (Lee.) «Hermana mía, y la postrera vez que podré llamaros hermana: a mí me han sentenciado a muerte en vista y revista. La parte, por mediación del príncipe de Butera, perdona por tres mil ducados. No tengo, hermana, medio de pagar; si los tenéis, vuestra, sangre soy y anduve en las entrañas mesmas donde anduvisteis. De Mesina, etc. Camilo Fénix.»

¡Extraña carta!

(Fenisa se desmaya.)

Celia ¡Ay de mí,
que se cayó desmayada!

Lucindo (Acudiendo.) ¡Fenisa! ¡Fenisa amada!

Celia Respira.

Lucindo ¿Respira?

Celia Sí.

Lucindo Volved en vos, que habrá medio
de remediar...

Fenisa
(Abriendo los ojos.) ¡Ay, mi hermano!

Lucindo ¿Habla?

Celia Sí.

Lucindo ¡Amor soberano,
de tu mano fue el remedio!...
¿Qué puedo yo hacer por vos
y ese hermano sentenciado?

Fenisa ¡No hay remedio en lo creado!

Lucindo Busquémoslo entre los dos.

Fenisa El solo que haber podría
es que pues habéis vendido
la hacienda que habéis traído,
según Celia me decía,
sobre mis joyas y hacienda
me prestéis dos mil ducados,
que estos rigores pasados...
yo os fío...

Lucindo No habléis de prenda
que harta prenda es el amor
y que yo os debo.

Fenisa ¿Queréis honrarme de nuevo?

Lucindo Antes es gusto que honor.
Pero advertid, alma mía,
que un mercader sin dinero
es como amor sin tercero
o como sin luz el día...

Habéisme de prometer
pagar en breve, que ya
mi partida cerca está
y será echarme a perder

Fenisa
Apenas libre mi hermano,
unas casas venderemos
que cerca de aquí tenemos,
y os pagaré de mi mano...
Pero tomad, por mi vida,
mis joyas, yo gusto de esto.

Lucindo
Tristán, parte, a casa presto
y en el arca guarnecida
un gato hallarás que encierra
en oro dos mil ducados.
Toma la llave.

Tristán
(Sitiados
nos vemos, como en la guerra.)

Lucindo
¿No vas, Tristán?

Tristán
Sí, señor.

Lucindo
Pues, ¿qué miras?

Tristán
(Aparte a Lucindo.) (¿Estás loco?)

Lucindo
(Déjame ser noble un poco
y no ingrato a tanto amor;
yo conozco esta mujer
y sé que lo he de cobrar.)

Tristán (Las joyas debes tomar
o todo lo has de perder.)

Lucindo
(Ásperamente.) (Ve, digo, y ya estás aquí.)

Tristán (Me estoy viendo como Adán.)

(Sale por la izquierda.)

(Fenisa, Lucindo, Celia.)

Fenisa ¿Qué te decía Tristán?

Lucindo Es bueno y mira por mí...
Rústicamente quería
que vuestras joyas tomara
Es mercader y repara
en prendas.

Fenisa (Altivamente.) ¡Por vida mía!

Lucindo Por vida vuestra, mi bien,
que basta un cabello en prenda
si es tuyo, y ninguno entienda
que más quiero que me den.
Las almas, ¿tienen valor?

Fenisa ¿Qué mayor?

Lucindo Si se celebra,
que de cada sutil hebra
cuelga mil almas amor,

¿qué más prenda que un cabello
donde mil almas están?
Mas qué, ¿no viene Tristán
si va inquietándome en ello?
Está la posada junto
de vecindad tan amada
Voy yo mesmo a la posada
y haré que los traiga al punto.

Fenisa Ven a comer hoy conmigo.

Lucindo Me das un bien soberano.

Celia (A Fenisa.) (¡Vuestro hermano!)

Fenisa Y de mi hermano
por mí y por él te bendigo,
que así han de ser a compás
tus acciones de benditas,
pues si a él la muerte lo quitas
a mí la vida me das.
La premura te prevengo.
Ven, Lucindo, y encamina
ese dinero a Mesina.

Lucindo Espérame, que ya vengo.

(Sale derecha.)

(Fenisa y Celia.)

Fenisa ¿Vendrá, Celia? ¿Qué imaginas?

Celia Que volverá a la querencia,

pues no hay cuasi diferencia
del hombre y las golondrinas.

Fenisa ¡Mira que si no volviera!,
¡Solo el decillo me espanta!
¡Calla, que se me atraganta
la saliva tragadera!
(Pausa.) ¡Después de lo que has gastado
en regalar a don Juan!
Si se torciese este plan
que por don Juan he fraguado,
antes que a la vida errante
de mujer mercadería
en los brazos me echaría
del mar, mi postrer amante.
(Pausa.) Mas no sé cómo me rindo
a pensamientos livianos
cuando ya tengo en mis manos
todo el oro de Lucindo.
(Arrebatada.) Ducados así, a puñados.

Celia Ducados así, a montones...

Fenisa Terciopelos.

Celia ¡Y brocados!

Fenisa Y cintillos.

Celia ¡Y doblones!

Fenisa Y un tocador de oro y plata,

Celia Y un esclavo, siempre alerta.

Fenisa Y el coche siempre a la puerta.

Celia Y luego la caminata
por el puerto.

Fenisa ¡Y el reír
tendida en el almohadón
abanicándose al son
de las olas... ¡y morir!

(Ríe mucho.)

Celia Nota que has muerto, sin que
don Juan, por quien vives loca,
se haya posado en tu boca

Fenisa Dices bien, que lo olvidé...
(Tornándose triste.) ¿De qué ruin condición
somos hechas las mujeres,
atentas a los placeres
y ajenas al corazón?
¿Cómo, si teniendo en mí
tan mío a don Juan de Lara,
pudo ser que lo olvidara
si estaba conmigo, di?

Celia Venturas de tu don Juan
que paseabas en coche
de la mañana a la noche
mas aquí viene Tristán...
¿Si maullará el gato aquél?

(Dichas y Tristán con una bolsa de piel de gato con dinero.)

Tristán — Aquí llega un mentecato
con dineros en un gato
y ninguno para él.

Celia — Señora, aquí está el dinero.

Fenisa — Muestra a ver. ¡Escudos son!
Tristán, toma ese doblón
y di a tu señor que espero
que venga luego a comer,
que lo aguardo agradecida,
y vuélvete, por mi vida,
que tengo mucho quehacer.

Tristán — (Ya sé el quehacer que tendrás,
ladrona de mi señor
¡Un doblón por el favor!
¿Cuándo el cuello doblarás?)

(Sale derecha.)

(Fenisa y Celia.)

Fenisa — ¿Fuese ya?

Celia — Va murmurando.

Fenisa — También murmuran los ríos
y de oír y ver sus bríos
se están los peces holgando.
(Mirando el bolso.) ¿Será gran descompostura
besar este gato?

Celia No,
que es de algalia y pienso yo
que su perfume es ventura.

Fenisa Ves aquí, Celia, a Lucindo
besado en forma de gato.

Celia ¿No, hay mujer que sin recato
quiere y besa a un perro lindo?
¿Pues por qué nos has de besar
un gato lleno de oro?

Fenisa Yo lo diera a quien adoro

Celia No digas, loca de atar...

Fenisa Quiero a don Juan, que me muero.

Celia Llama a tu gato «don Juan».

Fenisa (Oyese gente.) ¿Quién?

Celia Que llega el capitán...

Fenisa Esconde pronto el dinero...

(Asoma el capitán Osorio, chafarote, galán y jugador, facundioso y perdonavidas. Celia, llevando el bolso, se entra a prisa por la izquierda.)

(Fenisa, el capitán Osorio.)

Osorio Después que vives ya tan recogida,
Fenisa, que a tu puerta y tu ventana
apenas hay un hombre que resida

una hora de la tarde o la mañana.
Después que has dado en reducir tu vida
al estilo y manera «valenciana»,
no admites juego ni conversa quieres
¡Qué bien medran con esto las mujeres
Yo ser solía tu galán de esquina,
el bravo de tu puerta y el matante,
el que echaba los hombres en cecina
y de tu encantamiento era el gigante.
Ya duermes, como tímida gallina,
debajo de las alas de tu amante,
y antes que el Sol acabe su carrera
no hay una mosca de tu puerta afuera.
Estás enamorada, que parece
cosa imposible en condición tan loca...
¿Qué luto es este y qué desdén ofrece
tu vista y el pergeño de tu boca?
¿Es don Juan por ventura el que merece
volver en agua tu cristal de roca?
Dame parte de todo como amigo,
que bien sabes que siempre estoy contigo...

Fenisa

Siempre al favor de tu española espada
en Sicilia viví, gallardo Osorio;
siempre, con libertad o enamorada,
has presidido en este consistorio.

Osorio

Mira que traigo aquí una camarada,
no para alfeñicarse en lo ilusorio,
sino para provecho de tu casa

Fenisa

Lleguen todos, si nadie se propasa

Osorio

Albricias, camaradas... ¡ya hay licencia!...

(Entran por la derecha Triviño, Campuzano y Orozco.)

(Dichos, Triviño, Campuzano y Orozco.)

Campuzano (A Fenisa.) Beso a vuestra merced las manos.

Triviño Todos
nos remitimos hoy a su elocuencia.

Fenisa (¿Españoles? ¡Haránse de los godos!)

Orozco ¿Hay sillas?

Fenisa ¡Celia!

Campuzano Gente es de conciencia.

(Dichos y Celia.)

Fenisa (A Celia.) ¿Guardaste aquello?

Celia (Está cuarenta codos
debajo de la tierra).

Fenisa (Bien has hecho.)

Celia (¿Qué chusma es esta?) (¿Es gente de provecho?)

Fenisa (Soldados españoles, plumas, galas,
palabras, remoquetes, bernardinas,
arrogancias, fachendas y obras malas.)

Triviño

(A Orozco, por Celia.) Siempre me agradan estas francisquinas.

Orozco ¡Que siempre en agua de fregar resbalas!

Triviño Vos, sois poeta... ¡Allá cosas divinas!

Orozco No sé, a fe de soldado, de esta seta...
Verdad es que en España fui poeta.

Campuzano ¿Y órades vos de aquellos impecables
cuyos versos destila en alambique
la culta mesa?

Orozco Fui de los palpables;
imitador de Laso y de Manrique.

Osorio Juguemos.

Triviño Vengan dados...

Osorio (A Fenisa.) Como entables
juego en tu casa y esta grey se pique,
habrá día que valga cien ducados
y aún doscientos es poco.

Campuzano Traigan dados.

(Traen dos escuderos una mesa, meten los dados en un cubilete y pónense a jugar. Aparece Tristán por la derecha. Fenisa y Celia, al verlo, cuchichean.)

(Dichos y Tristán.)

Tristán

(Al ver los soldados.) (¿No lo dije?) Ya se están
empleando los ducados.
¡Tirando están a los dados
con tus escudos, Tristán!)

Celia (A Tristán.) ¿Qué nos traéis?

Tristán Ya no queda
que traer, pues cuanto había
se trujo; ¡y por vida mía
que se reparte por rueda!

(Fenisa habla aparte con Osorio, mostrándole a Tristán.)

Celia Amigos son de la casa
que juegan honestamente
lo suyo... Y a más es gente
que al gasto no pone tasa.
¿Qué os trae por acá?

Triviño El envite
de esta gente pendenciera
tiene a mi señor afuera
esperando su convite.

Celia ¿Su convite decís? ¿Cuál?

Triviño ¿Que cuál? ¡El de tu señora
a mi señor!

Celia ¿Pues ya es hora?

Triviño ¿Si es hora? ¡Cuerpo de tal!

Campuzano (Jugando.) Más a trece.

Triviño (Jugando.) Más por mí

Campuzano (Gritando.) ¿Aquesto es más?

Triviño (Gritando.) ¡Topo y tengo!

Tristán (En mal hora y sazón vengo,
que estoy por demás aquí.)

Osorio (A Tristán.) Señor hidalgo... ¿Jugáis?

Tristán No, que a otra cosa he venido...

Osorio ¡Agora habéisme ofendido!...
Aquesto es que sospecháis
que son dados apañados...

Tristán ¡No sospecho...!

Osorio (Echando mano a la espada.)
¡Vive Dios
que hemos de jugar los dos
la vida, si no los dados!...

Celia ¿Cómo venís a mover
guerra al capitán?

Fenisa ¿Qué ha sido?

Osorio Insultos me ha dirigido...
¡Cuerpo de tal! ¡Lo he de hacer
tajadas! ¡Ira de Dios!

Fenisa (A Osorio.) Ved que os lo pide Fenisa...
(A Tristán.) ¡Escápate más que aprisa!

(Tristán escapa.)

Osorio (Tras él.) ¡Voto va!...
(Envaina la espada.) a no ser por vos,
Fenisa, tajadas es,
que ya conocéis mi brazo.
(Después que cayó en el lazo,
los otros.)

Fenisa Comamos, pues,
en albricias, capitán.

Osorio A estos huéspedes honremos.
¡Alto en los dados!

Tristán Dejemos
dados.

Campuzano Dejados están.

Osorio ¿Qué hay, pues, de comer?

Celia No falta.

Osorio ¡Escuderos!

Celia Aquí hay dos.

Fenisa Celia, disponedlo vos.

Osorio — Vayan Robledo y Peralta,
y traigan cuatro capones,
seis perdices, tres conejos...

Triviño — ¿Y el vino?

Osorio — Cuatro pellejos.

Campuzano — ¿Y fruta?

Osorio — Uvas y melones.

Fenisa (A Celia.) — Echa una pastilla aquí.

Osorio
(A los soldados.) — ¿No habéis visto la limpieza
de Fenisa?

Orozco — De esta pieza
ya lo demás presumí.

Campuzano — Venid y veréis qué aseo
en suelos, estrado y cama.

Triviño — No más miro, que es gran dama.

Orozco (A Osorio.) — Días ha que la deseo.
¡Habladla!

Osorio — (Tened paciencia,
que de ello me encargo yo.)

(Sale con los soldados por la izquierda.)

Celia (Riéndose.) ¿Y Lucindo?

Fenisa (Riéndose.) ¡Se quedó
a la Luna de Valencia!

(Fenisa y Celia.)

Celia ¿Dará parte al tribunal?

Fenisa ¿De qué, si no hay documento?

Celia ¡Hará a lo menos intento
de venir!

Fenisa Será en su mal
y daño, que pues no tiene
ni documento ni prenda,
no habrá quien favor le venda.
Cuando Fenisa previene
un golpe de estos, jamás
hay de qué sobresaltarse.

Celia Más conviene prepararse
por si vuelve.

Fenisa Quedarás
aquí, alerta, mientras yo
recuento nuestro tesoro.

(Sube por la escalera.)

¡Tres mil ducados en oro!

Celia (Burlona.) ¡Don Juan, que se te borró

nuevamente!

Fenisa (Saliendo a la galería.)
En tal instante
dentro el corazón saltaba,
que cuando el oro mentaba
iba don Juan por delante.
¿Te prometió que vendría?

Celia
Lo prometió con tal fuego
que tuve que escapar luego
por no ver cómo se ardía

Fenisa
(Desde la baranda.) Al tocador voy un rato;
entretenme tú a esa tropa...
Que el gato es como la estopa,
y voy a esconder el «gato»...

(Celia, Lucindo y Tristán.)

Lucindo
(Furioso, dentro.) ¡O entras, o te hundo la daga
en el pecho!

Tristán
(Furioso, dentro.) Mas, señor,
¿qué culpa tengo en rigor?
¿Qué queréis que yo lo haga?
Si está lleno de soldados
y matones...

Lucindo (Dentro.) ¡Entra o mueres!

Tristán
(Asomándose resuelto.) Pues qué, ¿mi muerte prefieres?

(Con los ojos cerrados.)

¡No me matéis, desalmados!

(Como ante un peligro de muerte.)

¡No!
(Abriendo los ojos.) ¡No están! ¡No están!
(Avisando.) ¡No están!

Lucindo Vil eres, que me has mentido.

Tristán Cierto, señor, que se han ido...

Celia ¿Qué buscan y a dónde van?

Lucindo Celia o infierno, ¿qué es esto
que conmigo hace tu ama?

Celia ¿Y viene a ver una dama
gritando tan descompuesto?
¡Jesús! ¿Infierno soy yo?

Lucindo ¡Llama, Celia, a tu señora
que el recelo siento agora
que otras veces me engañó!

Celia Está comiendo y será
mal el pasalle recado.

Lucindo (Furioso.) ¿Pues no era yo el convidado?

No más burlas ¡voto va!

(Sale Fenisa, en peinador, como de quien se está haciendo el tocado, y asómase a la galería.)

(Dichos, Fenisa.)

Fenisa (A Celia, desde la baranda.)
¿Con quién hablas? ¿Qué es aquesto?

Lucindo
(Encantado al verla.) (¡Qué hermosa!) Soy yo.

Fenisa ¿Quién es?

Lucindo Lucindo, ¿pues no me ves,
o me olvidaste tan presto?
¿No me reconoces ya,
o tienes vista tan corta?

Fenisa Cólera y gritos reporta
y ven esta noche acá.
Que agora ni es ocasión
ni discreto, ni prudente,
ya que está llena de gente
la casa, por la razón
que conoces. Te pedí
el dinero que ya sabes
para aquellas cosas graves,
y aunque dijiste que sí,
como lo estoy esperando
me valgo de lo que puedo.

(Se entra y hace señas a Celia.)

Tristán (Agora sudo de miedo.)

Lucindo ¿Qué dices, que estoy temblando?
Tristán, ¿pues no lo trajiste?

Tristán ¿Cómo no lo he de traer?
¡Si es que esta mala mujer!...

Lucindo ¿Pero tú a quién se lo diste?

Tristán A ella mesma y en sus manos,
¡que a poco no me desgarra
al ir a echarle la garra!

Lucindo Mas, ¿qué es esto? ¿Qué villanos
procederes eslabona
esta hermosura de lobo?

Tristán No más que el del robo...

Lucindo ¡El robo!

Tristán (Gritando.) ¡Ladrona!

Lucindo Sí, tal. ¡Ladrona!

(Guiados de Celia, asoman por la izquierda, desnudas las espadas y amenazadores, Osorio, Triviño, Campuzano, Orozco y escuderos. Tristán, al verlos, queda mudo de terror. Lucindo, aunque con más entereza, se sobrecoge también.)

(Dichos: Celia, Osorio, Triviño, Orozco y Campuzano, por izquierda. Luego, Fenisa a la baranda.)

Osorio ¿Quién abona al mal nacido
que estando aquí honrada gente
grita temerariamente?

Celia (Por Tristán.) Él ha sido.

Tristán (Aterrado.) ¡Yo no he sido!

Osorio ¿Pues quién de los dos?

Lucindo (Tímidamente.) ¡Yo fui!

Osorio ¡Pues vais a otro mundo vos!

Fenisa (Corre despavorida a la baranda.)
¡Por Dios, capitán! ¡Por Dios!
Por Dios os ruego y por mí!...

Osorio (A Fenisa.) Ya por dos veces, Fenisa,
a vuestra voz y mirada
quedó suspensa mi espada...
(A Tristán y Lucindo.) ¡Cuerpo de tal! ¡Más aprisa
despejad de aquí!

Tristán (A Lucindo.) (¿Estáis viendo
como es cierta la encerrona?)

Lucindo (¡Ya me pagarás, ladrona!)

(Salen cabizbajos.)

Osorio A ti, Fenisa, encomiendo
que luego que estés dispuesta,

hermoseada y pulida,
que desciendas, por tu vida,
a presidir nuestra fiesta.
Tu guante en el cerco arroja
de reina aquí proclamada
para reñir la cruzada
el bravo que lo recoja.

Fenisa

El guante os va del honor,
según es vuestro deseo
Comience, pues, el torneo
y acójalo el vencedor.

(Fenisa arroja el guante; los rufianes forman «cruzada» y riñen.)

Fin de la segunda jornada

Jornada tercera

(Hostería, hospedaje de Dinarda. Estancia donde comen, beben y juegan soldados y mujeres de la aventura. Puertas al fondo y laterales. Mesas y taburetes. Celia y Albano en una mesa de la izquierda.)

(Celia y Albano, soldados y mujeres que no hablan.)

Celia — Unos tras de otros, sogas y calderos,
al fin en la hostería habemos dado.
Fenisa por don Juan, que de acá es huésped;
vos por Fenisa, que aún os quita el sueño,
y yo por mis oficios de doncella.

Albano — Yo vine acá, según es mi costumbre,
ignorando encontrarte; y aun sospecho
que cuanto de Fenisa me has contado
es chanza y buen humor.

Celia — Há más de una hora
que por aquella puerta de allá enfrente,
de don Juan a la estancia se acogieron.

Albano — ¿Fenisa y don Juan dices? ¿Luego es claro?
¿Tú los has visto juntos?

Celia — Los he visto
y aun tú los puedes ver... Los celos deja
del capitán, que no es sino su cebo,
y atiende a que don Juan la trae loca.

Albano — ¿Y de él?

Celia — No te diría yo otro tanto.

Un galán tan galán y gentilhombre
que entro las bellas damas de Sevilla...

Albano ¿De Sevilla es don Juan?

Celia ¿Qué te sorprende?
Es de Sevilla, noble y generoso,
tiene gentil figura y veinte años...

Albano ¿Y tú lo has visto junto con Dinarda?

Celia Como estamos tú y yo... pero más tiernos.

Albano (Es mi Dinarda. ¡Agora ya no dudo!
¡Dinarda es que me ha visto amar a otra!)

Celia ¿Conoces a don Juan tú por ventura?
¿Te robó alguna dama? ¿Le aborreces?
¿Cómo a su nombre estás descolorido?

Albano Jamás le vi ni aún escuché tal nombre...

(Pausa.)

Celia Duro oficio es aqueste de doncella
de una señora tal como Fenisa.
Cuando no el esperar en este modo,
es algo más peor... Somos abejas,
labramos el panal ¡y otros lo comen!...

(Entra Camilo y va derecho y con agitación a Albano. Celia se aparta y luego vase derecha.)

(Camilo, Albano.)

Camilo — En vuestra busca he venido
por la ciudad descompuesto
y a gran ventura he tenido
hallaros.

Albano — Pues ¿cómo es esto
que venís despavorido?

Camilo — Un caballero portado,
español recién llegado,
solícito preguntaba
a dónde Albano paraba,
de un soldado a otro soldado.
Llegué, díjeselo, y luego
le pregunté qué os quería,
mostró algún desasosiego
y dijo que volvería,
sin que bastase mi ruego.
Seguíle y en su posada
pregunté quién era...

Albano — ¿Quién?

Camilo — Ninguno me supo nada.
Fuime al puerto, que también
fue indicación extremada,
y me dijeron allí
que un hombre como el que vi,
apenas desembarcado
de Sevilla, ha preguntado
con gran extremo por ti.

Albano — Y ese hombre ¿quién es?

Camilo Su nombre
un gran peligro te guarda:
don Félix es ese hombre...

Albano ¡El hermano de Dinarda!
Vamos, Camilo, que sé
que es hombre de corazón,
y pues tan mal le agravié
hiriéndole en la ocasión
aquella que te conté,
y está por medio el amor
que por su hermana hay en mí,
prudencia será valor,
que agora en mí da el dolor
de la herida que le abrí...

(Salen izquierda.)

Celia Tienen que ver estas damas
que pasan de Enero a Enero,
más amores en sus tramas
que barcajes el barquero,
y cuando algún caballero
las trae a mal traer...
¡tienen que ver!
Tienen que ver en lo altivas
que son con los pretendientes,
blandas solo a los presentes
y en lo demás pañas vivas,
y cuando caen cautivas
de un amor anochecer
¡tienen que ver!

(Asoman por la izquierda Félix, Lucindo y Tristán. Celia, al verlos, da un grito, y se entra por donde salió.)

Celia ¡Amo y criado aquí están!

(Se entra.)

(Don Félix, Lucindo y Tristán, con vestidos más ricos y lujosos.)

Lucindo Por acá suelen caer
españoles a beber
en compañía de Tristán.

Tristán Por acá suelo acudir.
la grandísima señora
que se llevó en una hora
un siglo de bien vivir.

Lucindo (A don Félix.) Gracias que vos al llegar
nos disteis prendas mejores.

Don Félix En un cambio de favores
no hay favor, sino cambiar.
(A Lucindo.) Vos de Fenisa agraviado,
yo de Albano con afrentas,
hemos reunido las cuentas
para cobrar al contado.
Ella y él amigos; vos
y yo, deudos y allegados,
en tierra extraña juntados
por la venganza los dos.
Dios hará que nos cobremos
debidamente y por junto.

Lucindo — Tristán, aún nos queda el punto
de la Aduana. ¿Qué haremos?

Tristán — No hay sino disimular
y hacerse nuevas, señor.

Don Félix — Sospecho que lo mejor
con mujeres, es no dar.

Lucindo — No dar, mas sí prometer
cuanto su afán nos indique;
que no hay mujer que no pique
en promesas, si es mujer.

Tristán — Mira bien si te has lucido
prometiendo...

Lucindo — ¡Ya soy diestro!

Tristán — ¡A buen hora eres maestro,
después que te han exprimido!

Lucindo — Pues, ¿cómo quieres que aprenda
el hombre, sin el agravio?
¡De amor y hacienda, el más sabio
es quien perdió amor y hacienda!
De ambas cosas sabio soy,
pues que ambas cosas perdí,
y lo que sembrando fui
ahora cosechando voy.

Tristán — (¡Señor, que pasa el umbral
Fenisa, prepárate!)

(Por la derecha, Fenisa y Celia con mantos; al ver a Lucindo y Tristán, fingen sorpresa.)

(Dichos, Fenisa y Celia.)

Lucindo (Fingiendo un gran dolor.)
¡Fenisa!

Fenisa (Idem.) ¡Lucindo!

Tristán (¡A fe
que valen tal para cual!)

Fenisa (A Celia.) (¡Viene más engalanado!)
(Con ternura.) ¡Lucindo!

Lucindo ¡Fenisa!

Tristán (A Lucindo, interponiéndose.)
¡No!
¡No más, no más! Ya bastó
y sobró con lo pasado...

Lucindo
(A Tristán, suplicando.) Tristán...

Fenisa (Irritada.) ¡Tristán!...

Tristán Agrio o miel
el demonio que os entienda,
que esta segunda contienda
será un segundo Montiel.
Una ley tiene el amor,
mas el negocio otra ley:

«Ni quito ni pongo rey,
pero ayudo a mi señor.»
(A Lucindo.) Sigue en tu locura vana
de amar quien burló tu fe,
que ya a tiempo me cuidé
de avisar en la Aduana,
y de allí no has de sacar
aceite, frutas ni sedas,
en tanto que no te quedas
libre de tan loco atar.

Fenisa
(A Celia, por Tristán.) (Ve y ofrécele y procura
contentalle.)
(A Lucindo.) La opinión
de un criado socarrón
más en mi honor me asegura.

Lucindo
(Disculpando a Tristán.) Como viejo, es descortés
mas no escuches sus enojos.

Fenisa (Acercándose tiernamente a Lucindo.)
¿Sabes algo de estos ojos?
¿Qué es lo que en sus niñas ves?

Lucindo Sé que estas niñas lo son
de tal forma en las mudanzas,
que dan nuevas esperanzas
después de la posesión

(Siguen hablando.)

Tristán (Fingiéndose convencido.)

(¿Aqueso habré de creer?
¿Piensas que me mamo el dedo?
Lo del vestido, concedo,
mas lo otro...)

Celia (Si lo has de ver
por tus ojos; allá están
los cuatrocientos ducados
en un bolsillo apartados,
con un rótulo: «A Tristán...».
Luego que cesó la broma
y dimos mano a la risa,
por encargo de Fenisa
fui a la posada...

Tristán ¡Toma!
¡Agora me convenció!
Cierto, que fue una tapada
preguntando en la posada
por mi señor.

Celia ¡Si era yo!
(¡Necio es!)

Tristán (¡Tonto me ha ercido!)

Celia Yo, que llevaba apartados
los cuatrocientos ducados.

(Siguen hablando.)

Lucindo (A Fenisa.) Sabe Dios que no he sentido
perder, Fenisa, el dinero,
sino el ver, como lo vi,

de ti burlado...

Fenisa ¿De mí?

Lucindo Un amor tan verdadero.

Fenisa Yo solo quise probarte;
aquella excusa tracé
del dinero, con la fe
de una ruina evitarte,
pues viéndote generoso,
galán, cortés y sencillo,
quise poner tu bolsillo
en seguro cauteloso.
A poco que te partiste
mandé con Celia a buscarte...
y acababas de mudarte
(Sollozando.) ¡Qué buena noche me diste!
¡Qué caro me costó
haber querido y querer
probarte así.

Lucindo (¡Qué mujer!)
¿Luego aquella noche?

Fenisa ¡Oh!
No sé cómo te refiero
aquel dolor sin igual
y aquel tanto y tanto mal
que me trujo tu dinero.
El bolso tuyo tomaba
en mis manos, y decía
cosas que, quien las oía,
enternecido quedaba.

Lucindo ¿Es posible, mi señora,
que merezca con mi ausencia
lágrimas tuyas? ¡Oh, ciencia
del adivinar, traidora!
Bendito el llanto, mi bien.
Mas no es justo estar aquí.
Si tú me quieres así,
yo te quiero así también,
Con Tristán a la Aduana
iré a disponerlo todo
para vender en buen modo
mercancía valenciana,
porque al venderla te entregues
en la plata y en el oro,
pues me basta por tesoro
que tus ojos no me niegues.
¿Puédote agora abrazar?

Fenisa Agora y siempre, mi bien.

Lucindo Vete con Dios y prevén
para esta noche cenar.
Que voy con aqueste hidalgo
en casa de un mercader
que merced me quiere hacer
por él, no por lo que valgo;
de que contra mercancías
tres mil ducados avance...

Fenisa ¡Agora es bueno el percance!
Pues, ¿y yo?

Lucindo ¿Que tú hallarías

quien me lo diese?

Fenisa Tal vez.
¿Para qué son?

Lucindo Para trigo,
que hay falta en Valencia.

Fenisa Digo
que sí, por segunda vez...
Sé por cierto caballero
que una dama de opinión
anda buscando ocasión
de colocar un dinero.

Lucindo Con trigo habrá gran ganancia,
pues no hay allá.

Fenisa Dices bien,
y yo haré que te lo den.
Pero, ¿será de importancia
el resguardo de tu hacienda?

Lucindo Del almacén donde está
daré las llaves.

Fenisa Será,
Lucindo, bastante prenda.
(Pausa.) Advierte que han de querer
un treinta por ciento.

Lucindo Es cosa
cruel...

Fenisa Pues será forzosa.

Lucindo No es razón

Fenisa ¡Pues lo ha de ser!

Lucindo (Risueño.) Negocia en veinte, si tratan,
¡por vida de aquesos ojos!

Fenisa Veré de no darte enojos
por los tuyos, que me matan...
Allana lo de Tristán
y vete a la noche allí.
¿Celia?

Celia Señora.

Fenisa (A Lucindo.) De mí
fía, que te los darán.
(A Celia.) (¿Y el criado?)

Celia (Convencido.
¿Y el amo?)

Fenisa (Trae más caudal
y es mío.)

(Sale entre miradas tiernas a Lucindo, por la izquierda, con Celia.)

Tristán ¡Cuerpo de tal,
que van que se lo han creído!...

(Don Félix, Lucindo y Tristán.)

Don Félix	Jamás supe de mujer
tan ágil, mañosa y diestra...
si por los ojos maestra
más por el decir y hacer.

Tristán	Aun viniendo preparados
tan astuta es y liviana,
que sospecho que esta lana
nos cuesta el ir trasquilados.

Lucindo	De esta no escapa Tristán.

Tristán	No sé qué diga, señor.

Lucindo	Agora ya no hay amor,
agora solo es afán
de venganza, cada instante
más celerado y más fiero

Tristán	¡Con recobrar el dinero
es ya venganza bastante!

Lucindo	Perdonad, don Félix; vos
por la vuestra que olvidamos,
y tras Albano vayamos
hasta que disponga Dios
que le encontremos.

Don Félix	Sí tal,
que no por mostrar templanza
está fría mi venganza
del agravio fraternal.

Tristán	Venguemos, Tristán, venguemos,

con Fenisa y con Albano,
y en viendo dinero a mano,
¡cobremos, Tristán, cobremos!

(Salen los tres por la izquierda.)

(Dinarda, Osorio.)

Osorio

No hay para qué satisfacerme en nada.
Ya sé que sois honrado caballero,
mas al venir Fenisa a la posada
sin darme aviso, agravio considero.
Jamás neguéme cuando acongojada
solicitó el apoyo de mi acero
y harto reñí, por verla de señora,
para sufrir que así me pague agora.

Dinarda

Que estuviese Fenisa en mi aposento
no os niego, Osorio; mas también es llano
que os vino a ver.

Osorio

Yo sé su pensamiento
y sé también su proceder liviano;
encarcelar al Sol, prender el viento,
y hasta coger la Luna con la mano,
cosas son más posibles y seguras
que gratitud de ciertas creaturas.
Yo sé que ha conservado el artificio
de pescar las haciendas extranjeras,
porque amor en mujeres de ese oficio
es cimbe de ambiciones y quimeras;
mas como el más espléndido edificio
que inmortal a los tiempos consideras
está sujeto al rayo, tú lo fuiste,

que con Fenisa, al fin, en tierra diste.
Ella te adora, yo lo sé, ¿qué dudas?

Dinarda ¿Y oféndote, por dicha, en que me adore?

Osorio Están las piedras, al milagro, mudas;
no dudes que tu ingenio se mejore;
pues al vencer astucia, mal y daño,
alcanzaste a engañar el mesmo engaño.
Mira: ninguna cosa estas mujeres
buscan ni intentan más que el casamiento.
Toca esta tecla si engañallas quieres;
haz con esta promesa un escarmiento.
A sus livianos gustos y placeres
debes con el casorio estar atento
y fiar en mi ciencia. ¿Hazme entendido?

Dinarda ¿Tú quieres que me finja su marido?

Osorio Don Juan, estas mujeres se previenen
viendo que se les corre la hermosura
y que si arrugas o si canas tienen
no tienen casa ni pensión segura.
Si alcanzas tú que sus escudos suenen
músicas de oro por llamar al cura,
les mesmos que hoy tal vez estén desnudos
tal vez mañana estén llenos de escudos.

(El salón de Fenisa en el primer acto. Al alzarse el telón, Fenisa y Celia examinan dos cofrecillos, dos llaves y varios papeles que habrá sobre una mesa de la estancia.)

(Fenisa, Celia.)

Fenisa ¿Qué me dices agora de sospechas?
¿Es negocio seguro? ¿Está en la mano?
Mira bien: documentos, testimonios,
sellos, tasa, licencia, las dos llaves
del almacén...

Celia Seguro es todo agora.
Mas siendo tan enorme la ganancia...
hasta vella en tus manos no sosiego.

Fenisa ¿Vendrá Tristán?

Celia Vendrá; Lucindo queda
en la Aduana.

Fenisa ¡Ay, Celia, de pensallo
me fino y muero! ¡Mi don Juan y el oro!
¡Mis dos venturas y mis dos amantes!

Celia Mira si son los hombres rematados,
que una vez y otra y otra se les burla
y ciento y mil ¡y no abrirán los ojos!

Fenisa Los abren, sí, mas se les burla. ¡Mira
que el tal Lucindo! ¿Cuándo ni por pienso
pude yo imaginar que tras el lance
de los soldados, por acá volviera?

Celia ¡Y agora vuelve y me lo dejas limpio
segunda vez! ¡Asina son los hombres!

Fenisa Todo está pronto, por si Tristán llega?

Celia Todo: los cofrecillos del dinero,

las llaves de la guarda, los papeles...
¿Iremos yo y Estacio en tu compañía?

Fenisa Y Fabricio que cargue con los cofres.

Celia Don Juan y Osorio vienen. ¿Voyme?

Fenisa Queda;
que el padre de este amor es el negocio.

Osorio (Dentro.) ¡Ja, ja! No os dé rubor don Juan.

Fenisa ¿Qué burlas?

(Entran por la izquierda Osorio y Dinarda.)

(Dichos, Osorio y Dinarda.)

Dinarda Salud, bella Fenisa.

Osorio ¡Dios te guarde!

Fenisa ¿Qué risas eran?

Osorio ¡Chanzas inocentes!

Fenisa
(Aparte a Osorio.) (Cierto dinero doy de avance a un rico
mercader, que me espera en la Aduana.
Di que el dinero es tuyo y lo administras
de una noble señora de Palermo.)

Osorio (¡Negocio hecho! ¿A qué interés lo damos?)

Fenisa (¡Treinta por ciento!)

Osorio (¿Y qué resguardo en prenda?)

Fenisa (Sedas y paños de Valencia ricos
y cien pipas de aceite registradas.
De esto tengo las llaves y el seguro
de las guardas del rey, que sin mi orden
ni su dueño ni nadie tocar puede.)

Osorio (Bien va.)
(Por don Juan.) (Que no sospeche.)

(Durante esta escena el personaje se distraerá de manera que pueda hacer señas sin ser visto de ninguno de los otros dos.)

Fenisa ¿Cómo callas,
don Juan?

Osorio
(Guiñando a don Juan.) Porque está agora vergonzoso
de cierta pretensión

Fenisa ¿Vuelven las chanzas?

Osorio ¡Cómo que chanzas! Vive Dios que quise
sabiendo que has estado en su aposento
pasarle el corazón de parte a parte,
(Guiñando a Fenisa.) y vive Dios que me dejó sin cólera
cuando me habló de vuestro casamiento...

Fenisa (Con arrebato.) ¿Conmigo casamiento?

Osorio (Guiñando a don Juan.)

Sí, contigo.
Yo viendo la ocasión de tu fortuna

(Guiñando a don Juan.)

y que con él casada, si te lleva
a España, allí serás lo que quisieres,
quiero perder de mi derecho y gusto

(Guiñando a Fenisa.)

con tal que ganes tú. ¡Don Juan de Lara
te demanda de esposa y señoría!

Fenisa ¿Burlas?

Osorio Hablad, don Juan...

Dinarda Es cierto.

Fenisa ¡¡Cierto!!

Osorio (Guiñando alternativamente a una y a otra.)
¿Ves lo que te decía? Cierto era.

Fenisa (A Osorio.) Agora sé noblezas españolas.
Te daré el mesmo día de las bodas
una cadena de a dos mil ducados.

Osorio (Ya lo he dicho a don Juan que tienes oro.)

Fenisa Si él noblezas me da, yo aporto un dote
que no baja de treinta mil escudos.

(Entra por la izquierda Tristán.)

(Dichos y Tristán.)

Tristán — Lucindo, mi señor, queda esperándote
con los de la Aduana.

Fenisa (Rápida.) — Osorio, vamos.
(A don Juan.) — Perdóname... Un negocio a andar me fuerza,
mas es cosa de instantes...

Osorio — Tornaremos
presto, don Juan. En tanto, no os mováis.

Fenisa (Acercándose enamorada.)
Queda en tu casa, que tratar precisa
de este amor sin igual ¡Don Juan!

Don Juan (Acercándose enamorado.)
¡Fenisa!
¿Presto vuelves?

Fenisa — Sí, presto...

Osorio
(Interponiéndose.) — ¡Vamos, vamos.

Fenisa — Tú, Celia, dile a Estacio y a Fabricio
carguen ese dinero y que nos sigan.

Osorio
(Cogiendo los cofres.) — No hacen falta, que yo cargo los cofres.

Fenisa (A Dinarda.) Vamos, Tristán, Adiós...

Dinarda ¡Adiós, Sol mío!

Osorio (Desde el dintel guiñando a Dinarda.)
¡Por Dios, don Juan, que son diez mil ducados!

(Salen todos menos Dinarda.)

Dinarda (Sonriendo.) Cuenten luego novelas y ocasiones
de la imaginación más divertida,
que allá saldrá el romance de la vida
alegando mezquinas invenciones.
Por el amor de Albano y sus pasiones
cruzo el mar, me disfrazo decidida
y a la mujer que es más aborrecida,
fingiéndome don Juan, canto ilusiones.
Romper trató esta farsa y burda treta
y cien veces de Albano el pensamiento
a sus grillos me amarra y me sujeta.
¡Cumple, Amor, tu decreto soberano,
que he de seguir en el primer intento
hasta que de Fenisa libre a Albano!

(Sale Albano por la izquierda.)

(Dinarda, Albano.)

Albano Mucho me huelgo de hallaros,
don Juan, solo y en tal puesto.

Dinarda Y yo de veros y hablaros,
que también estoy dispuesto
a informarme y a informaros.

Albano (¡Cuerpo de tal! ¡Que este sea
don Juan, y que no es Dinarda!
¿Quién ha de haber que lo crea?)

Dinarda (Mucho el temor me acobarda,
pues conocerme desea.
Mas téngolo de negar
aunque supiese morir.)
Ya que me venís a hablar,
o comenzar a decir
o comenzar a escuchar.

Albano Cuando en esta casa entrastes,
sabíades mi afición
por Fenisa; ¿a qué llegastes?

Dinarda Porque tengo corazón,
cosa con que no contastes.
Cuando un hombre se aficiona
y una mujer se le encara
¿no es el amor quien le abona?

Albano (¡La voz, el talle, la cara!
Es mi Dinarda en persona...)
(Con arrebato.) Di...

Dinarda (Fríamente.) ¿Qué?

Albano (Loco he de parar
con esta duda!)

Dinarda ¿Por qué
la pregunta comenzar
diciendo: di?

Albano Preguntar
vuestra patria y nombre fue...

Dinarda ¿Mi patria y mi nombre?

Albano Sí.

Dinarda ¿Por qué?

Albano No porque me asombre
el veros venir aquí
tan gallardo y gentilhombre,
que de ello no soy celoso,
mas para solo saber
si sois hombre generoso,
porque con esta mujer
procedáis más cauteloso.

Dinarda (Burlona.) ¡Qué gracia en eso tenéis!
¿De cautelas me advertís?
¡Sin duda que lo sabéis!

Albano Vos, ¿para qué la servís?

Dinarda Vos, ¿para qué la queréis?

Albano Yo, por solo entretener
la ausencia de una mujer
de quien desdichas me apartan,
¡desdichas que no se hartan
de mi duro padecer!

Dinarda ¿Sufrís por mujer ausente

y estáis por Fenisa loco?
¡Dejad que pasmarme intente
de caso tan sorprendente,
que el decir milagro es poco!

Albano — Como imagen la tenía
en el altar del respeto
donde el alma le ofrecía,
cuyo retrato perfecto,
aunque extraño, en vos vería...

Dinarda — Quisiera saber quién era
para escribille el engaño
que vuestra fe vitupera,
porque viendo el desengaño,
ausente, os aborreciera.
Que a una piedra mueve a risa
que aquí finjáis adorar
de pronto y con tanta prisa
y me vengáis a retar
por los celos de Fenisa.
Pues Albano, estad atento
a lo que os voy a decir:
De ese antiguo pensamiento
ni tengo que dirimir
ni vuestros engaños siento.
De esto que agora teméis
os digo que no intentéis
entrar más en esta casa,
porque Fenisa se casa

Albano — ¿Con quién?

Dinarda — Con... ¡Ya lo sabréis!

¿De qué os sirve preguntar
cuándo se casa esta dama?
¿No amáis otra... hasta matar?
¿No veis que en ello se infanta
la ausente, sin protestar?

Albano — (Agora que es ella creo,
sin más dudas. ¡Es Dinarda!)

(De repente.) Pues que Fenisa se tarda,
Avenís a dar un paseo?

(Sorprendida, mas reponiéndose.)

¿Un paseo?

Albano — ¿Os acobarda
no ver a Fenisa agora?

Dinarda
(Naturalmente.) (No, que más tarde la veo.

Albano — ¿Se casa pronto?

Dinarda — Tal creo.

Albano — ¿Con quién me será traidora?

Dinarda — Ya os lo diré en el paseo.

(Salen Dinarda y Albano por la izquierda. Por la derecha entran Celia y Fenisa con mantos y algunas cajitas con regalos y joyas.)

(Celia, Fenisa.)

Celia ¿Estás contenta?

Fenisa No estuve
en mi vida más contenta,
pues que el amor me frecuenta
y la fortuna me sube.
Vuelvo acá con más dinero
camino de enriquecer,
y voy a ser la mujer
de mi don Juan, por quien muero...
¡Treinta por ciento he ganado
sin mas que ir a la Aduana!

Celia ¡Treinta por ciento! ¡Qué ufana
a las guardas has dejado!
¿Y cómo Lucindo queda
de agradecido al favor?
Pues, ¿y Tristán? ¡Qué furor
de bendiciones en rueda!
¡A ti, a mí, nos bendecía
con una unción de beato!
¿Hay hombre tan mentecato?

Fenisa
(Dándole unas llaves.) De gran provecho es el día.
Las llaves del almacén
encierra en el escritorio.
¿Adónde fue Osorio?

Celia Osorio
fue por don Juan y tu bien.

Fenisa ¡Ay, Celia, Celia!... Me muero
de gusto en imaginar

que he de venir a casar
con un noble caballero.

Celia — Don Juan, ¿es conde o marqués?

Fenisa — No camines tan apriesa.

Celia — Serás condesa o marquesa
de la cabeza a los pies
(Burlona.) Señora condesa, ¿da
vuestra excelencia licencia?
Un mercader de Valencia...

Fenisa — ¿Mercader? ¡Uf! ¡Quita alla!
Una dama no recibe
gentes de tan baja grey.

Celia (A la puerta.) Señora... el señor Virrey
que por vuestros ojos vive...

Fenisa (Como si se preparase a recibir al virrey.)
Pase su alteza al estrado.
Señor, tan alto favor
tantas mercedes, señor...

Celia (A gritos.) El señor conde es llegado

(Ríen las dos.)

(Dichas y Osorio.)

Osorio
(Desde el umbral.) ¡Cuerpo de tal! Bien gozamos
de nuestra famosa empresa.

Celia Mi señora la condesa

Osorio
(Suspira tristemente.) ¿Cómo? ¿Ya condeseamos?
A decirte que lo esperes
me envía el señor don Juan...

Fenisa ¡Oh, bravo Osorio galán,
que mi padre y dueño eres!
(Saca una cadena.) Pues que me traes noticias
que son mi mayor tesoro,
esta cadena de oro
has de llevar en albricias.

Osorio Dejad dádivas agora,

(Con dignidad, cómicamente triste.)

Fenisa, que en tan solemne
día, la dádiva tiene
yo no sé qué de traidora

Fenisa ¿Qué decís?

Osorio Digo, Fenisa,
que si entendéis que un hidalgo
como yo, os sirvió de algo
mientras subisteis aprisa...
¡cuerpo de tal! ¿Pues no dudo
en hablaros?

Fenisa (Desconcertada.)
No os entiendo,

Osorio.

Osorio ¿Qué voy sintiendo,
que voz y semblante mudo?
¿Que no me entendéis ¿Que no?
¿Y en un tan solemne día
con esta cadena fría
queréis maniatarme? ¡Oh,
vuestra cadena guardad,
Fenisa, que mi decoro
harto más vale que el oro!...

Fenisa ¿Cuál decoro? Hablad, hablad.

Osorio (Enfático.) Fenisa, en aquestos ojos
terror de los extranjeros
que te daban sus dineros
¿nunca has visto más que enojos?
¿No ves, Fenisa, notorio
y tan claro como el Sol
que mi desdén español
y que mi orgullo de Osorio
emprendieron peregrinos
los caminos soberanos
de tus ojos italianos
en lo bellos y asesinos?

Fenisa Tened, Osorio, tened
que a don Juan soy prometida.

Osorio Lo pagará con la vida
¡cuerpo de tal! ¡Tengo sed
de sangre y de muerte y

Fenisa — Vos me lo habéis presentado,
hacia él me habéis inclinado,
¿quién es el culpable aquí?
¿Supe yo de vuestro amor
jamás? ¿Fuisteis galán mío?

(Osorio afirma o niega secándose el llanto.)

¿He dado yo mi albedrío
por prenda a vuestro favor?
Vos mesmo me autorizáis
con don Juan, y en un momento,
sin medir el pensamiento,
de pensamiento mudáis...
(Suplicante.) Ved, bravo Osorio, si pesa
en vos detenerme el paso;
ved que, si con don Juan caso,
de Fenisa iré a condesa,
y advertir que si mis rudos
(Intencionado.) conceptos amor no alcanzan,
mis manos sobre vos lanzan
tal lluvia de oro en escudos
que, al librar vuestro decoro
apaguen vuestro furor,
y de ser ciego de amor
paséis a ser ciego de oro...
Dejad, Osorio, que os diga
este bolso de doblones
con las buenas bendiciones
de vuestra mejor amiga...

(Finge llorar de rabia, toma el bolso.)

¡Cuerpo de tal! A no ser

por ser vos ¡ira de Dios!
(¿Serán buenos?) ¡Por ser vos,
Fenisa! ¡Podéis creer!

(Dinarda por la derecha, con sus pajes, que traen flores.)

(Dichos, Dinarda, Bernardo y Fabio.)

Dinarda (A Fenisa.) Perdona si me he tardado.

Fenisa Al fin, don Juan, has venido.

Dinarda Quien viene a ser tu marido
las flores le han retardado.
¡Finezas de un fino amor!

Dinarda ¡Pajes! Los ramos traed

Fenisa
(Toma las flores.) Celia, dad por la merced
a estos pajes.

(A Dinarda, quitándose un anillo de brillantes.)

Y al señor
doy este rico diamante,
prenda de amor fino y fuerte

Dinarda Hasta el día de mi muerte
seré, Fenisa, constante...
(Dale una joya.) Celia, toma, ¡que hay espacio
para todos en Fenisa...!

Osorio (¡Por Dios, que reparte aprisa

lo que juntó tan despacio.)

(Sale Albano por la derecha.)

(Dichos, Albano, con una carta, y Camilo.)

Albano

Después de que por mil años
goces, hermosa Fenisa,
al señor don Juan de Lara,
honra y valor de Sevilla,
sabe que, llegando al puerto
para saber si venía
a un cierto español, por quien
se me amenaza la vida,
vi una nave valenciana
que con su zalema y grita
izaba las blancas velas,
palomas que el viento henchía,
cuando un hombre en una barca
a grandes voces decía:
«Albano, la carta esa
daréis mañana a Fenisa.»
En esto otro hombre que al puerto
la carta ya me traía,
me la dio; volviendo el rostro
a la nave que se iba
dije: «¡Yo se la daré!».
Y entonces, con mucha risa,
él y otro que gateaban
por los cordajes arriba,
agitando los sombreros
saludaron a Fenisa.
La nave, izando el trinquete,
se alejó de las orillas

y yo vine, cuidadoso
de saber lo que sería.

Fenisa ¿Y la carta?

Albano
(Dale una carta.) Esta es la carta.

Fenisa (La color tengo perdida.)
Abre, Osorio.

Osorio (Leyendo.) Dice así:
«Pues con lágrimas fingidas
dos mil ducados sacaste.»

Fenisa ¡Ah, Lucindo!

Dinarda ¿Qué suspiras?

Fenisa (¡Válgame Dios! ¿Qué me pasa?

Osorio (Leyendo.) «Con industria vengativa
los has devuelto y mil más...
Porque la caja tenía
—para poder engañarte—
diez varas todas son agua,
aunque en la primera había
solo diez libras de aceite
por engañarte.»

Fenisa (Reponiéndose.) No sigas...
No sé a qué viene esa carta
ni quien habla de Fenisa
en tal pleito de villanos,

embaucadores... rapiñas.
El caso, don Juan, no importa,
que para la hacienda mía
tres mil ducados son humo...

Dinarda — Tu amor es el que me obliga,
que no tu hacienda.

Albano (A Camilo.) — (En probarme
se delata y acaricia.)
(A Fenisa.) Luego, ¿casas con don Juan?

Fenisa — Albano, celos no pidas...

Albano — ¿Celos de ti? Heridas grandes
cierran pequeñas heridas.

Albano
(Mirando a Dinarda.) — Donde hay Sol, ya no hay estrellas,
que si él sale, ellas no brillan.

Celia
(A la puerta, gritando.) — ¡Fenisa! Dos embozados.

(Salen cubiertos del embozo Don Félix y su paje Donato.)

(Dichos, don Félix y Donato.)

Don Félix — Vuesas mercedes prosigan,
que somos gente de paz.

Albano — Antes parece enemiga.
Desembocen, o por Dios
que los eche con más prisa

que entraron.

Don Félix
(Desembozándose.) ¡Con prisa vengo
en arrancaros la vida!

Albano ¡Don Félix!

Dinarda
(Interponiéndose.) ¡Tened! (¡Mi hermano!)

Fenisa (A Osorio.) ¿Osorio, no veis?

Osorio Fenisa,
veo y callo.

Dinarda ¿Por qué causa
esta reyerta? Decilla,
y antes que hablen las espadas
hablen las lenguas justicia.

Albano Que en Sevilla hice a don Félix
peleando cierta herida...

Dinarda No reclamo de esa ofensa,
sino de otra que es más mía.

Albano ¿Qué me reclamáis?

Don Félix Mi hermana
me daréis, o vuestra vida.

Albano Yo no sé de vuestra hermana.

Dinarda — Yo sí sé, por ser mi amiga.
Y si las manos os dais
y a Dinarda Albano estima
por esposa, en este punto
haré que venga ella misma
a confirmar vuestras paces.

Albano — Esta es mi mano.

Don Félix — Y la mía.

Dinarda — Pues esta que habla es Dinarda.

Fenisa — ¡Don Juan!

Don Félix — ¡Dinarda!

Osorio — (Fenisa,
veo y callo, como os dije,
que esto y más lo presentía.)

Fenisa — ¿Y he de quedar tras de pobre,
burlada y escarnecida?

Don Félix — Pobre no, que yo os acojo...

Osorio — ¡Volveremos a las mismas!
Mujeres de esta calaña
teniendo bolsas vecinas,
tenderán siempre a las bolsas
El anzuelo de Fenisa.

Fin de la comedia

Libros a la carta

A la carta es un servicio especializado para
empresas,
librerías,
bibliotecas,
editoriales
y centros de enseñanza;
y permite confeccionar libros que, por su formato y concepción, sirven a los propósitos más específicos de estas instituciones.

Las empresas nos encargan ediciones personalizadas para marketing editorial o para regalos institucionales. Y los interesados solicitan, a título personal, ediciones antiguas, o no disponibles en el mercado; y las acompañan con notas y comentarios críticos.

Las ediciones tienen como apoyo un libro de estilo con todo tipo de referencias sobre los criterios de tratamiento tipográfico aplicados a nuestros libros que puede ser consultado en Linkgua-ediciones.com.

Linkgua edita por encargo diferentes versiones de una misma obra con distintos tratamientos ortotipográficos (actualizaciones de carácter divulgativo de un clásico, o versiones estrictamente fieles a la edición original de referencia).

Este servicio de ediciones a la carta le permitirá, si usted se dedica a la enseñanza, tener una forma de hacer pública su interpretación de un texto y, sobre una versión digitalizada «base», usted podrá introducir interpretaciones del texto fuente. Es un tópico que los profesores denuncien en clase los desmanes de una edición, o vayan comentando errores de interpretación de un texto y esta es una solución útil a esa necesidad del mundo académico.

Asimismo publicamos de manera sistemática, en un mismo catálogo, tesis doctorales y actas de congresos académicos, que son distribuidas a través de nuestra Web.

El servicio de «libros a la carta» funciona de dos formas.

1. Tenemos un fondo de libros digitalizados que usted puede personalizar en tiradas de al menos cinco ejemplares. Estas personalizaciones pueden ser de todo tipo: añadir notas de clase para uso de un grupo de estu-

diantes, introducir logos corporativos para uso con fines de marketing empresarial, etc. etc.

2. Buscamos libros descatalogados de otras editoriales y los reeditamos en tiradas cortas a petición de un cliente.

www.ingramcontent.com/pod-product-compliance
Lightning Source LLC
La Vergne TN
LVHW091221080426
835509LV00009B/1099

* 9 7 8 8 4 9 8 1 6 1 7 4 8 *